技术支持的
班级组织形态研究

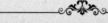

JISHU ZHICHI
DE
BANJI ZUZHI XINGTAI YANJIU

邹佩耘 著

知识产权出版社
全国百佳图书出版单位
—北京—

图书在版编目（CIP）数据

技术支持的班级组织形态研究／邹佩耘著.—北京：知识产权出版社，2022.11
ISBN 978－7－5130－8350－8

Ⅰ.①技…　Ⅱ.①邹…　Ⅲ.①班级—管理—研究　Ⅳ.①G451.6

中国版本图书馆 CIP 数据核字（2022）第 165222 号

责任编辑：彭小华　　　　　　　　　责任校对：谷　洋
封面设计：张国仓　　　　　　　　　责任印制：孙婷婷

技术支持的班级组织形态研究

邹佩耘　著

出版发行：知识产权出版社有限责任公司　网　　址：http：//www. ipph. cn
社　　址：北京市海淀区气象路 50 号院　　邮　　编：100081
责编电话：010－82000860 转 8115　　　责编邮箱：huapxh@ sina. com
发行电话：010－82000860 转 8101/8102　发行传真：010－82000893/82005070/82000270
印　　刷：北京九州迅驰传媒文化有限公司　经　　销：新华书店、各大网上书店及相关专业书店
开　　本：880mm×1230mm　1/32　　　印　　张：6.875
版　　次：2022 年 11 月第 1 版　　　　　印　　次：2022 年 11 月第 1 次印刷
字　　数：200 千字　　　　　　　　　　定　　价：58.00 元
ISBN 978－7－5130－8350－8

目 录

绪　论

　　人类教育事业的进步，既离不开班级组织形式的发明，也离不开技术的广泛应用。自班级组织形式诞生起，班级与技术就形成了某种缠绕结构，而随着技术革命，特别是信息技术的兴起，技术与班级组织形式之间就形成了极为复杂的互动关系。因此，对技术与班级组织形式之间互动机制的研究具有重要的理论与实践价值，本书从技术哲学、教育哲学、教育史、实证调查四个角度，探究技术与班级组织形式之间的互动情况，并从理论的角度解释数字时代技术支持下班级组织形式的可然形态。具体而言，技术哲学视角被用来审视技术的教育应用，而教育哲学视角则被用来分析教育指向技术的需求方向。教育史与实证调查属于客观观察研究，前者着眼于技术与班级的缠绕结构兴起与发展历程，后者则从微观层面展现班级对技术的接纳情况。

一、技术引起的教学组织形式创新可能

　　技术变迁对生产、组织形态的作用是革命性的，随着技术的快速发展和广泛运用，传统教学组织形

式的性质和内涵已经发生了巨大的转变。技术的飞速发展为教学提供了新型的教学工具、设施，破除了时空的局限，使得教学组织形式的创新具有了可能性。习近平主席强调，"因应信息技术的发展，推动教育变革和创新，构建网络化、数字化、个性化、终身化的教育体系，建设'人人皆学、处处能学、时时可学'的学习型社会，培养大批创新人才，是人类共同面临的重大课题"。[①]

我国政府对教育的系列变革有充分认识，已经出台系列支持政策。2016 年教育部印发《教育信息化"十三五"规划》，要求建成与国家教育现代化发展目标相适应的教育信息化体系。[②] 2018 年 4 月 13 日教育部发布《教育信息化2.0 行动计划》，提出推进新技术与教育教学的深度融合；强调引入"平台 + 教育"的服务模式，构建一体化的"互联网 + 教育"大平台。[③] 2019 年 2 月 23 日，中共中央、国务院印发了《中国教育现代化2035》，进一步要求将科教融合、线上教育与线下教育融合、教育改革与开放交流融合等集于一体。并提出融合发展、共建共享的教育先进发展理念。[④] 2020 年 3 月，中共中央、国务院发布的《关于构建更加完善的要素市场化配置体制机制的意见》明确要提升技术、数据资源的价值，支持构建教育领域规范化数据开发利用的场景。[⑤] 2020 年 7 月，国家发展改革委等部门发布的《关于支持新业态新模式健康

---

① 习近平. 习近平致国际教育信息化大会的贺信 [M]. 人民日报, 2015 – 05 – 24 (2).
② 教育部. 教育部关于印发《教育信息化"十三五"规划》的通知 [J]. 中华人民共和国国务院公报, 2016 (32): 52 – 58.
③ 教育部. 教育部关于印发《教育信息化2.0 行动计划》的通知 [J]. 中华人民共和国教育部公报, 2018 (4): 118 – 125.
④ 中共中央, 国务院. 中共中央、国务院印发《中国教育现代化2035》 [N]. 人民日报, 2019 – 02 – 24 (001).
⑤ 中共中央, 国务院. 关于构建更加完善的要素市场化配置体制机制的意见 [J]. 中华人民共和国国务院公报, 2020 (11): 5 – 8.

发展激活消费市场带动扩大就业的意见》中提到，大力发展融合化在线教育，构建线上线下教育常态化融合发展机制。① 2021 年 2 月，教育部联合五部委印发《关于大力加强中小学线上教育教学资源建设与应用的意见》，强调着力解决线上资源与教育教学融合应用问题。② 教育信息化 2.0 时代将实现教育的现代化、智慧化，教育面临全新挑战。

另外，美国教育传播与技术协会（Association for Educational Communication and Technology，AECT）于 2017 年 12 月发布了教育技术的新定义，强调研究对象从对过程和资源的技术性关注，转向"教与学"的管窥；研究目的从宏观的学习关注转向更加具体的"提升知识、调节与促进学习和绩效"、"学与教的过程和资源"方面。③ 信息技术的赋能使得教育的发展速度比历史上任何时期都要快。教育信息化 2.0 升级，改变了传统的教育模式和方法。技术已不再是教育补充的速成工具，它对教育的发展将产生"革命性影响"。④

二、技术与班级组织形式的互动基础

观察技术与班级组织形式的互动，一则，就技术而言，以教

---

① 发展改革委，网信办，工业和信息化部，等. 关于支持新业态新模式健康发展激活消费市场带动扩大就业的意见. [EB/OL]. 2022 - 08 - 08. http://www. gov. cn/zhengce/zhengceku/2020 - 07/15/content_5526964. htm.

② 教育部，发展改革委，工业和信息化部，等. 关于大力加强中小学线上教育教学资源建设与应用的意见 [J]. 中华人民共和国国务院公报，2021（8）：63 - 66.

③ 李海峰，王炜，吴曦. AECT2017 定义与评析：兼论 AECT 教育技术定义的历史演进 [J]. 电化教育研究，2018（8）：21 - 26.

④ 中共中央，国务院. 国家中长期教育改革和发展规划纲要（2010—2020 年）[N]. 人民日报，2010 - 07 - 30（013）. 该纲要明确提出："信息技术对教育具有革命性的影响。"

育史为线索，技术是教育教学信息产生、选择、存储、传输、转换和分配过程的依托。从技术哲学的角度看，教育教学中的技术不仅是物化形态的实物还是智化形态的方法。二则，就班级而言，班级的兴起具有漫长的历史，不是自然产生的。班级的教学依托班级组织而发展。班级的历史建立在罗马人的划分观念与分权式教育框架的结合上。其缘起经由集权式和分权式教育观念的演变，从希腊人以邦国作为教育组织单位的教化，到罗马人以家族为主体的教导，班级是一种旨在实现教育目标，人为组织的带有强制性的团体。从教育学的角度来看，17 世纪捷克教育家夸美纽斯，首次建立较全面的班级教学理论体系——班级教学制，论证班级组织形式的必要性和有效性。此后，教育家们对其进行了改良研究，从赫尔巴特以形式阶段论对班级予以完善，到欧美进步主义教育家们主张采用分组教学、设计教学、开放教学等发展学生的个性，都是对班级组织形式的教学理论或实践的思考。从社会学角度来看，随着时代的发展与教育的改革，作为学校开展各种教育、教学活动的基本组织的班级的组织形式也不断变化，班级社会组织属性也相应地发生了变化。

如今，技术试图跳脱班级框架内的教学应用而发展。如师生能够借助技术完成微课、慕课等线上课程的教学。这种离开现实教室环境和班级单位的教学，是对传统班级组织形式时间、空间限制的一种突破，也是对教育"国际化、个性化与信息化"的一种尝试。

由此，研究技术对班级组织形式的影响，不能只局限于某种单一的视角。本书主要从教育哲学与技术哲学的角度入手，对技术教育应用、班级组织形式进行阐释。在分析技术支持的组织形态变化部分，使用历史的方法加以统一。而信息技术与班级组织形式的现状、未来分析部分，涉及教育学、社会学等内容，研究视角和理论基础是跨学科、多学科融合的。

三、技术支持的班级组织形态逻辑前提

教育是一种以传递为目的而存在的社会活动形态，是在给定的时空限制下完成的活动。从教育哲学的角度，无论是教育内涵，还是教育自身的结构来看，教育在最初就是上一代的人通过"言传身教"的方式，把社会群体中的各种经验、知识、信念等内容传递给下一代。随着学校的出现，教育逐渐成为一个体系，因学校在承担教育职责的时候更具系统性、目的性、组织性和选择性，对文化的传承更为有效、集中。教育存在两个时间性的维度：教育本身蕴含的代际性和受教育对象的有效教育时间。一方面，教育是受时间限制的。因为接受教育的对象具有人类的生物性限制。也就是说人类接受经验、知识、信念的时间是受人的寿命限制的。另一方面，由于学校教育具有组织性和明确的目的性，所以学校教育的时空很集中。教育所蕴含的经验、知识与信念的代际传递需要在某种团体生活中展开，即需要以某种组织化形式展开。因为人是社会性动物，需要在社会生活关系中完成自身的人性塑造；不能在孤立环境中接受教育，团体生活是教育成功的必要条件。教育所蕴含的这种团体生活性，要求教育必须在特定的人际关系空间中展开。因此，教育受传递时间和人际关系空间的限制。

"因应信息技术发展新教育"成为未来教育发展的要义。当前，信息技术迅猛发展，给教育带来机遇和挑战，唤醒其主动适应和引领信息技术带来的外界环境变化。因应信息技术发展，推动教育变革和创新，不能将其狭隘地理解为技术与教育的机械同步发展。虽然人们一度相信，在任何条件下，技术在教育领域的

应用总能推动教育的变革；但是信息技术的工具理性与教育的人文属性决定，因应信息技术发展新教育，必将是融合的发展。信息技术与教育教学实践的深度融合是教育信息化的本质特征。在"将信息技术与教育教学实践深度融合"① 这一核心理念的指引下，近年来我国已经实现了信息基础设施建设的快速发展，初步构建起广覆盖、多层次的教育信息化体系。因此，面向未来，要"因应信息技术的发展，推动教育变革和创新"，并以此探索适合的教育模式。

研究对技术与班级缠绕的互动交集时期的划分，主要是依托技术哲学史的划分，具体使用捷克技术哲学家汤德尔的划分理论。之所以选择这个划分依据，原因有二。一则，技术与班级组织形式都有各自的发展轨迹，并且技术对班级组织形式的影响使二者产生交集，其中大多数缠绕点与汤德尔技术时期的划分点相吻合。二则，本书是从技术哲学的角度观察技术的发展对教育产生的影响，依据此时期划分，也符合观察的逻辑立足点。汤德尔技术时期的划分是依据工具或设备的变化进行的。其将技术史分为工具时期、机器时期、自动装置时期 3 个阶段。第一阶段为工具时期。该时期的特征在于工具由人的体力所驱动，人借助于工具作用于劳动对象，按加工目标由人去控制工艺过程。即一方面人在劳动中通过了一个从对简单工具到复杂工具的利用过程，另一方面工具的传动采用人力或自然力。第二个阶段为机器时期。机器由动力源、转动机构和特殊的工作机组成，但此阶段动力源已不再是

---

① 教育部．教育信息化十年发展规划（2011—2020 年）［J］．中国教育信息化，2012（8）：3-12．该规划指出："实现教育信息化的手段是要充分利用和发挥现代信息技术优势；途径、方法则是信息技术与教育的深度融合。"首次提出了信息技术应与教育"深度融合"的观念。

人力，而是畜力、风力和水力以及后来更为强大的热机，如蒸汽机、内燃机等，工程的控制仍由人进行。这是机器对通过使用工具的手工劳动的代替，而且是从简单的机械动力逐渐发展为动力系统的机器技术。第三个阶段为自动装置时期。此时机器应用了控制调节的控制论原理，不需要人直接控制，而是由人设定的程序去控制其运行，进一步发展则是通过学习机和自组织系统的研究将进一步取消人的干预，机器的自动化程序将进一步得到提高。机器的自动体系更为智能，进一步解放人的操作和进化人对机器的使用①。需要说明的是，汤德尔是在 1974 年进行的这一划分，划分当时正处于自动装置的早期，还没有普及互联网技术和人工智能技术等，但以此为时期的划分依据，并非草率之举，已作如下考量与论证：其一，汤德尔对技术时期的划分，符合技术分期的原则。其二，人类的技术应用实践，符合汤德尔技术划分理论对技术应用特征的描述。其三，汤德尔对技术时期的划分理论，是基于现实而对未来社会发展的科学预见。因此，自汤德尔对技术的时期划分之时起，检验其划分是否有效，已经进入划分的理论描述与技术发展的历史比较之中。历史与事实证明，汤德尔对技术的时期划分理论具有前瞻性，可作为本书的历史划分依据。综上，本书所使用的汤德尔对技术时期的历史划分依据是可证的，具有科学性。

四、技术变革下班级组织形式走向的思考

目前，在世界范围内，班级教学制为主的教学组织形式是应用最广也最为普及的教学组织形式。但也出现了根据具体教学内

---

① ［德］拉普. 技术科学的思维结构 ［M］. 刘武译，长春：吉林人民出版社，1988：17 - 19.

容的需要，积极利用技术手段，运用多种教学组织形式的现象。自夸美纽斯建立班级教学制理论体系起，班级组织形式中"班级"的意义就非常重要。以班级作为组织单位的教学，打破当时"一对一"口传面授的教学局限，提高教育的普及性和教学的有效性，是历史性的进步。"班级"限定自然的教学规模，教学环境较为固定。基于此，班级组织形式形成的学制、人际关系、教学内容等都趋于稳定，相应的教学模式也比较稳定。现在，因为信息技术发展引起了教与学形式的变化，班级教学的形式受到了质疑。

例如，在班级组织中，教学最主要的传播就是通过声音、语言的物理传播，让学生在一定范围内能够听得更清楚。假设一位教师要面对数百名学生进行教学，使用自然的器官发音难以满足每位学生，选择扩音器就是对技术的使用，打破了班级规模的限制。又如，学生通过互联网参与在线学习，不再拘泥于教室，打破了固定的教学环境。

从古至今，班级组织形式为什么能够容纳如此多不同技术的发展？班级组织形式为什么有如此大的弹性，能够如海绵般吸收各种各样的技术，而未冲垮其组织形式本身？其他的教学组织形式为何未因新技术的出现而最后站稳脚跟？技术能不能脱离班级组织形式支持教学？这众多的疑问，实质指向一个总的困惑：技术变革下班级组织形式的未来是什么样的？如何实现未来班级组织形式的优化？

本书将技术与班级组织形式的互动问题置于跨学科的研究视野下加以研究。一方面，同时从技术哲学立场、教育学的立场、社会学的立场和历史学的立场出发，全面科学地分析技术对班级组织形式的实质影响；另一方面，基于理论和实践，给予技术变革下班级组织形式未来走向的问题更多维度的、全景化的学术关照。

第一章 技术教育应用：回应教育的时间难题

  溯源教育的本质，教育具有对人类的经验、知识、信念代际传递的功能。正因为这种代际的传递功能，使得经验、知识和信念因人类个体发展而呈现阶段性特征。因此，教育存在着最佳的传递阶段，即最佳的教育时期。若从人类个体孩童时期，接受正式系统的学校教育开始，到其中年时期，个体发展定性为止计算，经验、知识和信念的最佳教育时长，仅仅二十余年。这是传统教育一直认可和实践的"前端模式"。① 人类的知识、经验、信念在不断地成长，需要习得和教授的内容越来越多，但最佳教育的时间十分有限，并且未曾改变。早期社会需要代际传递的教育内容比较简单，数量有限，因此教育活动足以在可控的时间内完成。随着社会不断发展，人类日益聪慧，需要积累的经验、知识、信念越发增多，也越发复杂。由于人类的教育活动涉及两个时间

---

① ［英］泰特缪斯. 培格曼国际终身教育百科全书［M］. 教育与科普研究所译. 北京：职工教育出版社，1990：51.

性维度：一是教育本身蕴含的代际性，二是有效性教育时间。技术的兴起关联教育实施的时间维度，每次技术教育应用的革命，都是一次教育效率的提升。本章旨在思考与回应两个问题：其一，如何将经验、知识、信念三个层面的内容实现有效的代际传递；其二，在有限的最佳教育期内，如何实现教育的效率。

一、教育本质的再反思

（一）教育本质的历史反思："教育"的词源内涵

我们从欧洲文明的发源地，西方教育思想的摇篮——古希腊，溯源教育的本质。古希腊人在表达"教育"概念时，常使用 παιδεία 一词。古希腊文 παιδεία 的词根为 παίς（儿童），由其属格形式 παιδός（儿童的）演变而来。据《牛津希腊语词典》解释其义，一则，παιδεία 指训练、教学，儿童的养育或者教育制度，以及任何教与学的东西。二则，παιδεία 也指受过良好教育的人。[①] παιδεία 表示"教育"的语境中，核心含义是一种完美和谐的灵魂的培养和教育。[②] 这样的教育重点在于塑造人的德行和建立稳定良好的社会生活。"我们从小就在头脑里有一种美德的教育，这种训练产生一种强烈的愿望，要成为一个完美的公民，知道如何根据正义的要求去统治和被统治。我认为我们应该把这种训练与其他训练区分开来，而且只有其才能配得上'教育'

[①] Henry George Liddell, Robert Scott. A Greek – English Lexicon ［M］. New York：Oxford University，1996：1286.

[②] 娄雨. 从 παιδεία 到 education：西方"教育"概念的词源学分析 ［J］. 教育学报，2017，13（03）：9－17.

的称号。"① 古希腊教育思想是在哲学母体中孕育的，对教育的思考方式，有自然哲学从探讨万物的"始基"为出发点的特征。② 因此，教育（παιδεία）强调引导人成为其应该成为的样子，是对人格性质上的一种改变，实现完满的人格和人性。

古罗马时期，拉丁文中 educatio 表示"教育"的概念。首先，educatio 是名词，从动词 educare 转换而来。educare 指心灵和精神意义的陶冶，也指通过营养使身体成长。其次，动词 educare 本身可以追溯到拉丁语根词"e"和"ducere"。"e - ducere"的联结意味着"拉出"或"引领"，教育不是灌输，而是"引出"，可以说明教育是带出人内部的东西或是潜力。再次，"educatio"词源"ex - ducere"，ducere（导致、引出）即来自外部的引导。③ 因此，教育（educatio）包含了抚养、照顾、引导、训练之义。教育更多的不是静止的而是一个动态的、不断引出的过程。

我国古代鲜有对"教育"一词的使用。④ 最初在论及"教育"和表达"教育"之意时，多以"教""学"表示整个教育活动。以对"教"的理解代表教育，即是施教者有组织、有纪律地对受教者授以文化知识技能的体系。后有先秦古籍中出现的"教"，其已具"教育"之义。 "教"，会意字，其甲骨文字形左上方为"爻"，代表字音；左下方为一人形；右边为手持鞭或杖的形状。

---

① Plato. The Laws ［M］. trans. Trevor J. Saunders, London: Penguin Books, 1970: 71. "what we have in mind is education from childhood in virtue, a training which produces a keen desire to become a perfect citizen who knows how to rule and be ruled as justice demands. I suppose we should want to mark off this sort of training from others and reserve the title 'education' for it alone."

② 古希腊哲学家在解释自然和宇宙时，引用"始基"个体概念，即万物的本原。

③ 尼古拉斯·布宁，余纪元. 西方哲学英汉对照辞典 ［M］. 王柯平，等译. 北京：人民出版社，2001：234.

④ 单中惠. 西方教育学名著提要 ［M］. 南昌：江西人民出版社，2000：147.

古代奴隶社会，奴隶主主要依靠鞭杖来推行他们对奴隶的教育。因此，"教"字的本义为教育、指导，将知识和技能传授他人。"育"，会意字，本义是妇女生孩子。在甲骨卜辞中，"育"与"后"意思相通，代表养育后代。《说文解字》中，将"教育"解释为"教，上所施，下所效也；育，养子使作善也"。教育是上下代之间的传习、模仿的过程。《康熙字典》中，解释"教育"为"凡以道业诲人谓之教。躬行于上，风动于下，谓之化"，亦是指教育是使人为善的行为传递。

从"教育"在中西方的词源来看，教育源于生活的需要。所谓"过什么样的社会生活，便受什么样的教育"[①]。教育活动的开展与生活实际紧密结合在一起，教育起源于人与人之间的交往需要。在生产活动中，上一代父辈教给下一代子辈从事生活的基本技能和经验，实现了人类的生产和繁衍。这种代际的教育功能使得受教育者所接受的技能和经验可以直接应用于他们自己的生活之中。且在接受教育的同时，也在进行着生活。由是，所谓教育，不过是人对人的主体间灵肉交流活动，这种活动发生于代与代之间。其包括知识内容的传递、生命内涵的领悟、意志行为的规范，并通过传递教给年轻一代，使其自由生成，并启迪自由天性。[②]

（二）"教育"本质的哲学反思：教育与代际关系

对个人和社会而言，要获得和传递优良的思想和品格既不是天生的，也不是在自然体验过程中自动获得的。[③] 例如，人类的语

---

① 孙培青. 中国教育史 [M]. 上海：华东师范大学出版社，1997：2.
② 卡尔·雅斯贝尔斯. 什么是教育 [M]. 邹进，译. 北京：生活·读书·新知三联书店，1991：3.
③ Frankena W K. Three historical philosophies of education：Aristotle, Kant, Dewey [M]. Chicago：Scott Foresman, 1965：1.

言知识几乎是在社会经验的过程中获得的，道德和习惯也是如此。但这种获得仅仅是因为社会生活和活动中蕴含有教育。教育是人类所特有的一种有意识的社会活动。① 在社会生活中，对教育理解的侧重点不同，所持价值立场与所依循的逻辑规则不同，会使得对教育的定义，对教育功能的理解不同。但是这些内容都有一个共同点，都认为教育是一种以传递而存在的社会活动形态。正如杜威所说：

> habits of doing, thinking, and feeling from the older to the younger. Without this communication of ideals, hopes, expectations, standards, opinions, from those members of society who are passing out of the group life to those who are coming into it, social life could not survive. ②

> 年长者把行事、思考和感知的习惯传给年幼者。如果那些渐离群体生活的社会成员（年长者）不把理想、希望、经验、准则、观点传递给那些进入群体生活的社会成员（年幼者），社会生活就不存在了。

由此论述可知，社会必须关注传递。那么，教育是人类有意识地传递社会经验的活动。③ 人具有自然和社会的双重属性。真正的人需要经历生物学意义上的出生和社会学意义上的"出生"。④ 人通过语言传递信息，通过大脑进行社会化学习。生物学意义上的出生使人的发展以遗传的方式被固定，而社会学意义上的出生，

---

① 王萍. 现代教育学 [M]. 济南：山东教育出版社，2012：20.
② John Dewey. Democracy and Education [M]. New York：The Macmillan Company，1916：3.
③ 陈文华，安石英. 现代教育学教程 [M]. 北京：中国科学技术出版社，2008：15.
④ 王萍. 现代教育学 [M]. 济南：山东教育出版社，2012：21.

因为人具有受教育的可能性，所以具有极大的发展潜力。换而言之，人需要社会生活经验在个体间及代际实现传递。例如，道德规范、思维方式、科学知识、生产经验等，都需要通过教育这种有效的方式来实现，而不是生物学意义上的遗传。因此，人类具有接受教育的可能性。人类通过教育活动实现了有意识地社会经验的传递。

教育的产生需要具备一些基本的条件。例如，语言的产生、"类"经验的形成、建立在两种信号系统上的传递活动等。动物区别于人类，是因其不具备将个体的经验"类"化，并将这种经验积累起来进行传递的能力，而人类则通过语言和其他的自己创造的物质形式，把个体的经验保存和积累起来，成为"类"经验。人类的教育活动主要是人类社会共同积累的"类"经验的传递。其次，人类教育是产生于个体在社会中生存和社会延续、发展的需要，从一开始就具有社会性。同样重要的是，人类的教育既要适应社会生活和社会生产发展的需要；还要改造环境、创造财富，形成推动社会发展的动力。所以，教育是人类社会特有的活动，必须从社会活动的视角透视教育跟社会的规律性联系。

教育是以人的培养为直接目标的社会实践活动。[①] 需要注意的是，这是教育传递社会经验的判断标准，但不能认定凡是传递社会经验的活动都是教育，传递社会经验是教育的充分不必要条件。教育是以影响和发展人的身心为目的，其传承、改造和发展社会经验，是为了引导人的"灵魂至善"。以柏拉图所设计"哲学王"的教育为例，教育就是一种促进灵魂转向或上升的艺术。教育制

---

① 李继秀，汪昌华，陈庆华. 教育理论［M］. 合肥：安徽大学出版社，2014：4.

度对公民的培养，旨在使其认识可见的世界。对"哲学王"的培养则是在此基础之上，选拔公民进行进一步教育。使其从专注于现实可见世界的种种具体的可变事物，转为去认识真正的存在，一直达到最高的"善的相"。① 换言之，教育就是引导人类从意见状态，转向知识状态；从以可见世界为对象，上升到以可知世界为对象。教育是培养人类进入至纯、至美、至善的可知世界的灵魂上升过程；是将其心灵状态从最低等级的想象，上升到信念、理智，以至理性。②

综上所述，教育具有人类经验、知识、信念的代际传递的重要功能。自人类形成的早期，非形式化的教育就附着在一般生活中进行。原始的教育与社会生活、生产融为一体，凡是争取生存和延续群体生命所必需的知识、技能、习惯等，都是人类必须掌握的教育内容。代与代之间的作用，如生产技能、技巧、经验以及共同的行为规范传授，是为延续社会的生产生活，这在人类早期的教育活动中特别明显。随着人类认识客观世界水平的提高、知识技能经验的积累，教育内容变得广泛、丰富。教育不仅带给人类生存的技能，而且还带给人类更多有助于个体发展的智慧和生产的技术诀窍。在劳动过程中，人不仅同自然界发生关系，而且产生了人与人之间的关系。为了适应这种生产关系的需要，教育的内容逐步拓宽，从而成为传授一定的社会文化和思想意识的工具。人类不仅要求传授生产劳动知识和技能，而且还要求传授社会意识和价值信念。所以，将以此为起点，具体考察教育的经验、知识、信念的代际传递功能。

---

① Plato. The Republic, trans. Allan Bloom [M]. New York: Basic Books, 2016: 164.
② 吴全化. 教育现代性的合理性 [M]. 广州：广东人民出版社，2009：40.

二、教育代际传递的特征

（一）对象角度：无体物的传递

1. 教育中的无体物

教育中无体物的传递首先是涉及教育传递"什么"（What）的问题。如若单就传递这个行为而言，代际传递可以完成的内容很多。假设以非教育的方式实现某种代际传递，如祖辈向子辈传递一套祖屋，那么这是对房产这个物体的一种代际传递。即房产是传递的对象，这种传递是对财产的传递。不同的历史阶段、不同的民族国家语境中，对财产的理解不一。但究其共性，狭义的财产就是指"物"，甚至是有体物。例如，古罗马时期的财产主要表现为物质实体形态的有体物。[①] 但相对于教育而言，其传递的对象就是无体物。

物，分为有体物与无体物。凡一切能为权利客体者，都可以成为物。通常将具有一定的形状、体积，能为人所感知、控制的有形物称为有体物，如汽车、房屋、桌子、板凳。无体物则是无一定的形状、体积，但能为人所感知、控制的物，如光线、电、气、热等。[②] 无论是有体物还是无体物，都应当是可以支配控制的。那么，用于传递的对象亦可分成是有形的，还是无形的或者是有体的，还是无体的。柏拉图认为"体"，指形而上学的本质和存在。亚里士多德提出了一个，过去被提出，现在被提出，始终被提出，并始终让人感到困惑的问题。"什么是 $\tau\nu\ o\nu$，什么是作为 $\tau\nu\ o\nu$ 的$ov\sigma\acute{\iota}\alpha$？"[③] 这引出的是"体"的问题。希腊文 $\tau\nu\ o\nu$ 可

---

① 周枏. 罗马法原论（上）[M]. 北京：商务印书馆，1994：28.

② 郑玉波. 民法总则 [M]. 台北：三民书局，1979：186 – 187.

③ 亚里士多德. 形而上学 [M]. 吴寿彭，译. 北京：商务印书馆，1959：3 – 5.

理解为是、存在，ουσία作为 τν ον 的"本体"。同时，其将现象的个别事物，以价值为标准，依照逻辑次序，排列成宝塔式的层级。最上层为纯体或范型，最下层为具有可能性、可塑性之纯用或纯物质。中间各层对上层来说，以较下为用；对下层，则以较上而为体。其关注相对性或等级性。中世纪讨论"三位一体"时，用拉丁文 substantia 代替ουσία表达"体"这个概念。近代西方哲学关于确定"本体"的争论，经过 18 世纪法国哲学以唯物论的方式确认"物质"概念；康德以先验哲学的方式论证作为本体的 substens 与 noumena 的区别与联系；黑格尔区分客观的形而上学与主观的形而上学。所以在本书中，将"体"视为永恒的、根本的东西。由此，可以把对"体"的判断归结为，在三维空间中存在的东西是体，反之则是无体。例如，一种思想，一类经验，都是无体的。那么，教育传递的就是无体物。

2. 无体物的传递形式

对无体物的传递方式是在诠释教育传递"怎么传"（How）的问题。有体物的传递是针对存在的有形的东西，如父子相传的房产是有体物。而无体物的传递与教育活动相关，教育要传递某种无体的东西，这种无体物与有体物一样，也是一种对象、一种范畴。对教育传递无体物的理解，也应该以"体"的概念切入来理解。例如，父母教孩子养成良好的吃饭习惯，对于吃饭这个行为而言，怎么拿筷子的教育内容就是教育传递的对象。父母在这个教育行为中所教的不是筷子这个物体，而是教会孩子怎么用筷子、如何用筷子。这种方法就是经验技巧的传递，即对无体物的传递。

对于怎样传递这个问题，纵观人类教育活动，则经历了从直接传递向间接传递发展的过程，具有从单一传递形式向混合传递形式演化的趋势。在工具时期以前，教育需要传递的内容，社会生活所需的传递内容都极为稀少，即需要传递的信息量小。教育中，代际传递是通过人与人之间的面对面联系而发生。即教育活动通过人与人、上一辈与下一辈，在社会生活中示范模仿、口耳交流、肢体接触等方式进行。所有的教育都在社会现实的交往生活中，以面授的方式直接传递完成。进入工具时期后，学校使得教育的组织正规化，直观类型的技术作为内容传递的辅助方式，帮助实现教育的间接传递。因此，工具时期并存间接传递与直接传递这两种教育代际传递形式。随着教育的进步，社会、经济、科学、技术等不断发展，一方面教育需要传递的内容增多，另一方面视觉类型的技术出现使得之前教育传递的困难迎刃而解。间接传递形式也因此得到充分发展，因而机器时期使得人类教育活动空前活跃。自动装置时期的教育因为技术的支持，趋向于地理和社会空间的分散。学校、家庭、社会都可以成为教育开展的场所，教育化的社会和社会化的教育打造了不受时间、空间、人机交往限制的教育形式。因此，教育的间接传递和直接传递得到高度统一。

3. 无体物传递的缘由

探寻教育传递的缘由最终是解释教育"为什么"（Why）传递无体物的问题。教育功能之一在于对经验、知识、信念的传递，这些经验、知识、信念是具有意义的信息，可传播是其本质属性。一方面，信息的传递是指由发生源发出的各种信号为吸收体所理解。在人类诞生之初，语言的交流就是信息的传递。在工具时期以前，人们在生产实践活动中感受自然信息，积累经验知识。但是这种感受和积累是个体进行的，这些信息的传递也是人与人之间通过语言直接进行，代代相传的。工具时期，信息量的积累与加强，使得信息的传递能够通过间接方式完成。技术的教育应用能够记录生产和科学知识，记录一个时期的社会状况。即使直观类型的技术以个体方式完成信息的传递。又因，信息积累和传递代价昂贵，只能在有限的范围内进行，所以工具时期的信息"个体性"特征是明显的。而机器时期的信息就成为广泛的社会信息，信息的传递呈现定期化的特征。人类追求信息的及时性、时效性并大大加速了社会信息的功能，人类从此进入大规模社会信息流的时代。自动装置时期大规模社会信息流进一步更新迭代，其表现在信息的传递手段多样化、信息传递速度迅速化、信息的范围全球化、信息的体量综合化。直接致使教育能够普及，也就是使信息的传递普及化、系统化和集中化。反之，信息传递的普及化、系统化和集中化又使得教育得到更高层面的普及和提高。

　　另一方面，这里的"为什么"是关于"形"的问题。仍以学习使用筷子为例，父母对孩子筷子的使用方法的教授是具有标准的。那么，为什么是这样的标准而不是以父母根据自身喜好的自我发挥作为标准。即在第二个问题"怎么做"之后，关于"形"的根据的厘清。所谓知形而上者，必始于知形而下者。形而上者之有，不待形而下者，惟形而上者之实现，则有待于形而下者。[①]例如，筷子之所以为筷子，讨论的是其"所以然"之理。亦即"形而上者，无形无影是此理"，这里的理是指某种事物之所以为某种事物者，强调"体"这个最高的规律性。简而言之，把无形的东西合在一起，究竟是要传递何物。教育传递信息，在信息这个层面上往上引申就是经验，那么第一层的信息是经验。以此类推引申，第二层信息是知识，即系统化的信息、学理化的信息。

---

① 冯友兰. 冯友兰文集（第五卷）：贞元六书（上）[M]. 长春：长春出版社，2017：25 – 26.

第三层信息是信念，人对某种观点、原则和理想等所形成的内心的真挚信仰，信仰是人的精神支柱，是意识的核心部分，世界观、人生观、价值观等属于人的基本信仰，无法学理化。

（二）方式角度：传递的有效期

1. 传递的时间限制

教育内容所包含的经验、知识、信念是人类实践经验的总结。其是历经无数代人类的实践检验，所获得的对客观世界的真理性认识。正因为教育信息具有如此鲜明的系统性和真理性，才使得人类通过教育，实现一代一代的继承与发展。从教育的传递方式来看，教育传递的内容是受限制的。以前文指出的房产传递例子来解释，房产属于有形物的传递，不会受到自然的限制。祖辈传递给父辈的房产，再传给子辈，不会受到自然的限制。假设房产在子辈 1 岁的时候经由祖辈传递给父辈（设定在常规无意外情况），子辈在 10 岁或者 50 岁的时候，都可接受这一房产的传递。这一传递方式是有形的，不受限制的。

但是对于教育而言并非如此，如果对错过有效教育期的人类个体进行教育，那么得到的教育效果并非理想。格塞尔的双生子爬梯实验[1]证明教育具有最佳有效期。人类个体的成长是具有固定的、最佳的教育时间节点的。[2] 例如，一般情况下 3 个月的婴儿能够掌握俯卧，4 至 6 个月的婴儿可以学会翻身；7 至 8 个月的婴儿能够开始学习坐、爬等行为动作。1 岁左右婴儿的身体和心理能力足以接受对站立或独立行走的学习。又如，儿童语言系统发育最好的时期是 0 ~ 3 岁，遵循自然的发展规律孩子原本可以在发育过

---

① 边玉芳. 儿童心理学 ［M］. 杭州：浙江教育出版社，2009：3 - 6.
② 王双宏，黄胜主编. 学前儿童发展心理学 ［M］. 成都：西南交通大学出版社，2018：27 - 28.

程中逐渐熟悉语言，若 12 岁以后再学语言，口音就不一定纯正了。如果在最佳教育期没有给予儿童适当的教育，久而久之大脑功能就会懈怠退化。这说明教育的传递方式受最佳教育时间的影响。因此教育的传递方式是受限制的。其不像有形的资产或者物体，可以随时从上一代人传递到下一代人，有形物的传递只受物自身的限制，而教育这种无形物的传递，受时间的限制。

2. 有效传递的保障

教育传递方式的限制性受时间影响，由于教育传递的内容是一种无形物，接受无形物的人类具有生物限制。这种限制导致人类在进行教育的时候，必须得到有效的保障。一方面是技术的保障。应对教育传递内容的组织和人的需求，技术可以实现对经验的传递和整合、知识的采集和生成、信念的传承和共享。

另一方面是组织的保障。对于构成教育传递的每一组主客体而言，在信息传递面前他们显得微小、微弱。但假设将这些主客体集合起来，就形成一股不可阻挡的合力，这种合力就是组织的力量。因为有效组织可以保障教育传递的时间，去针对人类个体对教育内容的接受规律和身心共性特征，实现最大化的有效教育。

（三）目的角度：有效的组织

1. 教育的指向性

教育的指向性在于对个体和社会的双重满足。从行为表现上来看，人类的代际传递与动物的代际传递相同，都存在两代之间类似的"教"与"学"。动物的代际传递，如果也用"教育"这个概念来囊括的话，那么它们的"教育"的行为是出于亲子关系和生存本能的自发行为。因为"动物和它的生命活动是直接同一的。动物不把自己同自己的生命活动区别开来。它就是这种生命活动"。① 而人的教育本质是有意识性与社会性的活动。人的教育本能产生于个体在社会中生存、社会延续和发展的需要，动物所谓的教育本能产生于自然的生物性。因此，人类具备将个体的经验"种化""类化""概念化"的能力和实践。同时人类将这种意义上的经验、知识、信念积累起来，付诸传递；与之相对应的是动物无法将同类的不同特性汇集起来，更无法为同类的共同利益做出贡献。②

进一步思考，一则，社会性是人的教育活动与动物所谓"教育"的本质区别。人通过语言和其他自己创造的物质形式，如工具、产品等，把个体的经验保存和积累起来，成为"类"经验。③人类教育所进行代际传递的，不仅涵盖个体的直接经验，还涉及人类社会共同体积累的"类"经验。这些经验不是本能的产物，而是人类的智慧。二则，人类的教育不止于"满足"的行为，还在于教育的有影响性。例如，人类日常生活的经验，在阅读算术中习得的知识，经由文化活动产生的信念，都可能具有教育的影响意义。因此，人类这个种类有意识的活动都可能产生教育的意义。这是动物种类所不具有的能力。所以，教育的指向性在于"种""类"这种意义上的意识性活动。

2. 种义上的共通性

教育传递的目的也就是教育传递最终要实现的目标或者说是教育传递的原因。换言之，应该思考的是人类教育传递的这些经验、知识、信念，为什么要教给下一代。假如人类对下一代放任

---

① 马克思，恩格斯. 马克思恩格斯全集（第42卷）［M］. 北京：人民出版社，1979：96.

② 马克思，恩格斯. 马克思恩格斯全集（第42卷）［M］. 北京：人民出版社，1979：147.

③ 叶澜. 教育概论［M］. 北京：人民教育出版社，2006：2.

不管，不给予教育的影响，或者是只存在动物本能性质的"教育"，那么这样的人类个体与认真接受教育后的人类个体的差异性是显而易见的。单就对"种"意义层面的人而言，没有接受过教育的人类个体极大可能会成为一个废人，而获得良好教育的人类个体更容易成为人才。举这个极端的例子是为了弄明白教育代际传递的到底是什么。每一个人类个体都特别希望把自己所拥有的强大能力、丰富知识、坚定信念、正确价值观，即好的东西教给或者交给自己的下一代，并对其充满希望。那么，"希望"就是这种教育代际传递的目的。

人类个体成全下一代的人生是希望下一代有一个卓越美好的人生。那么，这样的人生就意味其原本就蕴含一种可能性。就像一棵果树上结出果子一样，桃子树会结出桃子，李子树会结出李子。不可能桃子树上结出李子，也不可能李子树上结出桃子。这是因桃树和李树的可能性已经包含在其"种"里面，通过成长使得种义释放。就跟人这个"种"一样，其本身具有卓越美好这样的可能性。

再假设，人类个体一定希望自己的下一代拥有虎豹的灵敏，或者凶猛吗？希望人类传承拥有动物这般的能力吗？不一定。因为人类接受教育的能力并非动物一般的能力。又反面假设，人类一定能够教授一只虎豹如人类一般的聪明和智慧吗？更不一定。人类无法教育动物与人同等的聪明，是因为人类代际传递的对象是人，而非动物。但是有这样一种情况应该被单独提出来考察，人类可以教一只狗聪明，甚至是能够让一只边境牧羊犬达到七八岁儿童的智商，这是人对动物的教育吗？不是，这是一种训练。所以，教育意味着成全人生。亦即教育代际传递的目的是成全下一代人类个体的人生。那么，对于狗的训练，对于虎豹的驯养也是一种广义的"教"的成全，但是有别于人类，其是对动物生命的成全。一只狗通过训练变成很乖顺的、有能力的狗，这是在成全狗的生命；一只虎豹通过驯养能够去捕猎，这也是在成全虎豹的生命。但如果教育的对象是人，教育对个人的成全就是人生。所以，人基于种义的成全，就是在成全人类个体的人生。

3. 教育对人生的成全

人具有善的可能性，但是没有教育将"善"的经验、知识、信念有效传递，这种可能性无法释放，人类所希望的人生就无法实现成全。就犹如没有优质的土壤，可能果树上结出的就是歪瓜裂枣一样。由此，教育的代际传递相当于在人类本身的"种"或者"类"意义上的一种可能性。"种"之下包含个体，但种意义上的共通性与个体存在差异性。其表现：第一，教一个人和教一只狗不一样，教狗应该是一种训练行为。虽然教一个人与教一只狗都在成全他们的生命，但是教一个人获得的生命是人生，然而教狗可能只是一个过程。

第二，成全一个人的生命就等于成全其人生；那就是成全这一个人，作为人种意义上的种义生命。例如，有的教师能够教育出爱因斯坦一样的伟人，有的教师能够教育出数学家、音乐家、运动员，有的教师能够教育出慈善家，等等。因人类每一个体成员间具有差异性，所以每个个体所蕴含"善"的可能是有区别的。那么，教育既要兼顾种意义上的共性，又要兼顾个体的差异性，才能够实现其真正的目的。

第三，代际传递的目的其实蕴含着教育的另外一个命题：教育一定蕴含了某种选择，对人的选择。教育的选择，古已有之。中国科举制度形成的"择优取仕"的教育影响，就是深刻而贴切的例子。一方面，人类为实现"善"的可能而努力进取，被激发出的是学习的热情。经由科举出身的官员，文化知识水平较高，提高其向善的内驱力，就有推动社会文化发展的可能。另一方面，教育的选择也是一种选才。科举制度实行之初，确实对中国古代的人才选拔产生过促进作用。从制度方面而言，科举使国家政权向社会各阶层开放，打破了世家大族垄断仕途的状况。也使得社会阶层上下流动更为顺畅。① 那么，教育的选择也是对人生的一种成全。

三、教育代际传递的实现

人类因器官发展水平的不同，其需要也不同。因此，在不同的生理发展阶段，人对外在环境感知与体认的能力不同。而个体的人的生理与心理发展具有规律性，不同发展阶段具有不同的阶段性特征。发展心理学认为，人的发展过程是社会化的过程，即在一定社会环境中个体生理和心理发展而形成社会的人格并掌握社会认可的行为方式的过程。② 个体的发展具有阶段性，划分人生阶段的标准是多样的，且阶段之间存在联系。这种联系是人类作为有机体本身存在的固有属性和人与环境之间内在联系的反映。

正因如此，传统教育的最前端将教育的最佳时间限制在人生的某一特定阶段，即儿童时期和青少年时期。③ 加德纳将人类智能发展与年龄相结合，人类智能多元且不单一，每个人都拥有不同的智能优势组合，每种智能都有一定的年龄关键期。④ 皮亚杰将人

① 邬宪伟. 选择的教育 [M]. 上海：上海教育出版社，2017：3-4.
② 林崇德. 发展心理学 [M]. 杭州：浙江教育出版社，2002：11.
③ 朱菊芳. 高等教育学教程 [M]. 南京：南京师范大学出版社，1995：15. 传统教育的前端模式即20岁以前学习，20岁以后生活。
④ 沈致隆. 多元智能理论的产生、发展和前景初探 [J]. 江苏教育研究，2009（9）：17-26.

类最基本的智力活动分析和概念形成问题的答案，置于心理发生的研究领域。人类个体从出生走向成熟的过程中，若将其智力发展加以区分，将具有 4 个不同内涵的关键阶段。当然，并非所有人都会在同一年龄阶段满足要求或是达到阶段特征。但其经历阶段的顺序是相同的，前一阶段总是达到后一阶段的前提。① 因为教育具有这种人类经验、知识、信念的代际传递功能，那么人类对经验、知识、信念的接受理应表现为不同阶段的最佳发展。我国教育家叶澜提出将个体一生的发展分为七个阶段考察。② 划分人受教育的阶段标准是多样的，不同的个体发展阶段各有侧重；但其共性都着重从人的身心两方面的具体变化并在此基础上整合出每一阶段的整体性特征。本书以"教育对经验、知识、信念的传递"为依据，认识、分析、寻求人所从事活动性质的变化以及在活动中受教育的最佳时期。

（一）第一级内容：经验

1. 整体经验的构成

个体对外部可感知世界的生动、具体的探究与认识即是人类经验积累的开始。从出生起，人类个体就与周围环境建立最初的联系，以适应性为生存前提。个体满足生命需要，与环境保持的体态、表情、行为作用的相关性就是人类最初经验的建立。直至幼儿时期开始观察世界、利用工具、与环境主动交往起，其对外部世界的信息、情感、需求、欲望就产生社会意义的教育经验。这种对社会的感知是整体经验的构成，也是人类个体形象认识、情感和意志发展的重要途径。

---

① David R. Shaffer, Katherine Kipp. Developmental Psychology Childhood and Adolescence (9th ed.) [M]. Cengage Learning, 2014: 214 – 216.

② 叶澜. 教育概论 [M]. 北京：人民教育出版社，2006：242 – 243.

人类个体的整体经验表现为心理需要的满足与适应。人类个体通过感受的方式，移情于外部世界，初步控制社会行为，在简单的认知和游戏的过程中逐步发展其形象认识、情感和意志。因此，个体独立认知的经验逐渐发展成整体性的经验。

2. 社会化经验的起始

社会化经验的起点在人类的童年时期，6～12岁也是人类个体承担社会义务的起点阶段。一则，社会化经验反映在儿童主要的社会生活——开始接受外界评价。二则，随着个体交往范围的增大，个体逐渐担任群体中的不同社会角色，活动、交往、评价的内容出现多样化。由此，社会化的经验已经超越个体此前在家庭范围的生存经验限制，引起对自我的反思或是自我意识的反省。①

社会化经验起始阶段的特征主要反映在心理活动随意机能的形成和发展方面。人类个体的社会经验积累不仅有量的增加，而且质的变化更大。其表现为，一是早期的"直接的和不随意的、低级的、自然的"社会经验随着语言掌握，成为精神生产，逐渐转化为"间接的和随意的、高级的、社会历史的"社会化经验。②二是认知来源逐渐从对外界生活环境的认识理解过渡到以书面语言、不用实物伴随的抽象概念经验补偿。③ 三是在专门的环境中形成社会化经验。由教师指导学生个体的学习行为，即个体儿童的认知过程，这也是经验归纳的主要形式。简而言之，因系统的学校教学介入，儿童个体的经验积聚是有意识、有目标的社会化经

① 冯维，赵斌. 现代教育心理学 [M]. 重庆：西南师范大学出版社，2013：166–168.
② [俄] 维果茨基. 维果茨基儿童心理与教育论著选 [M]. 龚浩然，等译. 杭州：杭州大学出版社，1999：168–205.
③ 陈忠. 认知语言学研究 [M]. 济南：山东教育出版社，2006：28–33.

验的开始。其对世界的认识，已经由日常经验向社会实践——教育的科学转化，由逐个掌握个别、分散的认知点向整体系统化、概念化的方向过渡。①

3. 个性化经验的内化

人类个体开始意识到自己精神与人格的独立，一般在12～16岁少年时期，在这个时期他开始完成经验的内化。第一，心理内化是因为少年在逐日接触社会的过程中，内心世界也在被发现，自我意识日益突出，独立精神逐渐加强。简言之，个体从把握童年的基础经验，转向发现或是奠定自我内部世界的经验。这是个体内在力量生成的重要阶段，也是新的主体诞生前不可缺少的孕育期，更是人生历程中从外部探索到内部关注的变化期。此间，个体以探索经验为基础，以不断发展和深化自我个性的经验为目标。② 一方面，源于个体的体态变化导致了前所未有的自我敏感。身体所带来的变化表现在新陈代谢旺盛，精力充沛，脑与神经系统的发展转向精细层次，神经系统的网络在具有适当刺激的条件下逐渐细密化。③ 另一方面，源于心理上个体的独立性增强。从身体的成长感受，发展为对自我的心理成长要求。同时，也因为个体的活动范围更加扩展，开始拥有足够的自我经验控制能力。

第二，经验的心理内化体现出个体发展的差异。维果斯基与皮亚杰的认知发展理论，都将个体心理机能的发展视为社会经验不断建构的过程，新心理机能总是在旧有心理机能的基础上

---

① ［法］吉尔·马力·瓦莱. 走进6－11岁孩子的内心世界［M］. 蒋仿栖，译. 武汉：长江少年儿童出版社，2019：163－170.

② 熊梅. 当代综合实践活动课程开发的理论基础［J］. 教育研究，2001（3）：40－46.

③ Laura E. Berk. Infants, Children, and Adolescents（5th ed.）［M］. Auckland：Pearson Education，2005：92－95.

建构的。① 其强调教育的作用，人类个体通过教学和活动将历史的、文化的经验内化到自身的经验中。也就是个体的经验越来越带有个性色彩，并且内心化。同时，人类个体之间的差异日益明显。不同个体通过在合作中的表现、交流、沟通、讨论等在更高的水平上促成个体经验的内化与提升。即以个体原有经验、方式、信念为基础的教育活动，对同样的现实问题会有多样化的理解；处理同一问题的不同经验、不同认知和不同信念，就是一种广泛、深入、有效的社会经验的内化，也向更为抽象、概括的方向发展。由此，个体间、性别间的认识差异也变得明显。

第三，个性化经验的内化以适应性为基础。一方面，个性特点对经验发展的影响源于个体意识的发展，由个别机能或是某一年龄阶段向另一年龄阶段过渡时的经验增长来决定。那么，经由某一阶段性产生的意识增长与发展时期所对应的不同社会活动的背景就是形成经验的前提。或称作"适应的工具"，是为使人类更好适应其文化价值和社会传统而发展起来的。② 另一方面，个性化经验的适应性是不同代际的适应和传递的方式延续的。③ 例如，家庭生活经验中，父辈一代的个性化经验会对子辈一代的个性化经验的形成产生影响。简言之，父辈希望子辈受其所认可的社会经验的熏陶，或是子辈一般会认同、敬重父代的经验。又如，学生和教师、教育引导者之间的经验传继，会以教育引导的示范行为或口头指导影响学生。一则，这种示范是经由教育引导者自身个体的经验个性化内化而成，再实现对学生的指导。二则，学生对

① ［俄］维果茨基．维果茨基儿童心理与教育论著选［M］．龚浩然，等译．杭州：杭州大学出版社，1999：168－205.

② David R. Shaffer, Katherine Kipp. Developmental Psychology Childhood and Adolescence (9th ed.) ［M］. Cengage Learning, 2014：246－256.

③ 张春兴．教育心理学［M］．杭州：浙江教育出版社，1998：113－115.

引导内容的接受是建立在自身的经验层面和已被引导者内化的双重经验的基础上的理解，最后逐渐能将这些信息内化，用以指导自己的独自行动。因此，人类的认知发展往往是在社会经验的历程中进行的，个性化经验的内化以适应为基础。

（二）第二级内容：知识

本书结合皮亚杰认知发展阶段论，以日本学者安彦忠彦教授的新认知发展阶段论为理据，重点关注人类个性生理心理发展的特点和规律。由此，将知识的传递内容，按照个体的发展规律，划分为感觉学习阶段、认知学习阶段、发展学习阶段。

1. 生活活动为主的感觉学习阶段

感觉学习阶段的学习主体主要是学龄在 6 ~ 7 岁，小学 1 年级至 2 年级的低年龄段学生群体。此阶段以学习体验性知识和生活性知识为主。其重点在于通过反复的体验，习得一定的技能和感觉。并或多或少建立在牺牲其他部分的知识点基础上，以满足其充分体验的自由。在这一阶段，儿童个体同于婴幼儿时期，对知识的习得目的依然是对生存本领的掌握。因此，儿童个体需要反复地活动，辅以游戏练习，最终获得身体的模仿技能和器官的控制技能。即教育需要通过游戏和生活的实践，完成感觉学习的适应性和需求性发展。

2. 言语活动为主的认知学习阶段

认知学习阶段主要进行针对语言内容的学问型教育活动，此阶段的学习细分为外部言语和内部言语两个时段的学习。外部言语的学习是 7 岁左右的儿童开始正式掌握书面语言知识，有计划、有步骤、系统地开展认识、记忆、理解等认知性活动。其中将听、说、读、写、计算等知识和技能作为学习的重点。

内部言语学习阶段则是 11 ~ 17 岁，以学问性知识学习为主，主要是少年个体逻辑性的认知发展，并逐渐出现反省性知识和自我知识。在这个阶段，个体充分利用其对生活的感知和掌握的技能，与他人进行讨论、交流、碰撞，通过逻辑性的思考实现内部言语化过程，有意识地体现自我意识和个性。

3. 探索活动为主的发展学习阶段

发展学习阶段的学习内容以自我知识和反省知识为主。17 岁以后的大学生个体，开始面向内在自我，关注自我的人生方向，关注适应性和能力发展。以学习选择性知识为主，共同性知识作为必要补充。此阶段一方面是作为学问性活动的初步阶段，另外还需要考虑终身学习的知识经验基础。因此，发展学习阶段是以基础加探索为一体的，对内面向自我，对外探索发展的学习时期。

（三）第三级内容：信念

人类信念的教育与发展是一个持续的、螺旋式上升的过程。因为个体信念的形成是基于社会经验关系和知识习得而建立的。福勒将信念视为寻找人生意义的别称，有了信念，人就有价值取向，就能够分辨人、事、物的爱恨好恶，并投身其中，即便在人生危机之时，也可以找到生活的缘由、意义和动力。① 福勒信念发展论认为，人一出生就有产生信念的潜质，这个潜质的发展立足于出生背景和成长环境。同样，科尔伯格认为人的德行为渐进的发展过程，此过程分三种水平，每种水平又各分两阶段。② 这为本书研究教育的信念内容提供了参考标准。根据福勒的信仰七阶段理论模型和科尔伯格的习俗三个阶段特征，分析人类个体对信念教育的勾勒、理解和塑造，如图 1 - 1 所示。

----

① Fowler, J. Stages of Faith: The Psychology of Human Development and the Quest for Meaning [M]. New York: O. U. P., 1981: 13.

② ［美］本杰明·B. 莱希. 心理学导论 [M]. 上海：上海人民出版社，2016：397.

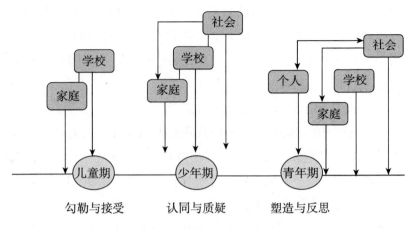

图 1-1 个体信念的发展过程

勾勒与接受时期的信念，来自人类个体的出身及其成长的环境。[①] 8 岁以前的婴儿与孩童，信念观通常没有思想逻辑。又因信念多是受外在的事物及他人的影响而成，所以这个时期的个体处于信念的勾勒与接受状态。儿童个体通过认知层面了解信念，即逐渐对道德理想、社会规范、他人评价熟悉和接受。但是，个体在这个年龄段的认知并非理性，更无法达到抽象信念的能力高度。信念仅仅反映为个体的情感体验开始复杂化。而且儿童主要的情感体验是通过故事、神话、父辈的宗教信仰来接受和喜恶"那些属于自己群体的'故事'"。[②]

另外，个体的信念是通过学习而得到较大发展的。一方面，个体经由具体的学习实践完成相应复杂的、持久的活动，付出了

---

① Fowler, J. Stages of Faith: The Psychology of Human Development and the Quest for Meaning [M]. New York: O. U. P., 1981: 16.

② Fowler, J. Stages of Faith: The Psychology of Human Development and the Quest for Meaning [M]. New York: O. U. P., 1981: 18.

意志努力，这是对信念的发展。另一方面，童年信念的发展是一种整体性自我意识的觉醒。个体能按教育的要求计划行为，给予注意，进行反思，重视评价，这都是信念进一步丰富化、整体化的具体呈现。

个体成长到 12～18 岁形成的惯例式信念是认同与质疑时期的信念，此间少年个体已形成认知、分辨、判断的能力，具有自我行为、情绪控制的自觉。常态下，能够按照教育活动的目标付出意志而行动。这是对信念的理解外化于形的表现，也是对被灌输的信念的一种认同。但是，在这种理解与认同的基础上，这一时期的个体因受好奇心驱使希望进入同辈群体，去认同群体的信念。这种认同并非全都是个体真正意义上对同辈信念的肯定，仅仅是一种打入群体的心理。虽然如此，个体信念或是受父母教育形成的信念仍会受到影响。此阶段逐渐会有对父母传承的权威信念和同辈间群体认同信念的质疑、徘徊。①

处于 8 岁之后至 30 岁之前的塑造与反思时期的信念，会呈现反复塑造和不断反思的状态。对以前的信念不断质疑，发出挑战；又重新整合，寻找坚定终身信念的依据。30 岁以后进入中年时期，个体开始期望整合信仰与生命，接纳人生种种境遇，明白人生与事物的吊慰性。②

四、技术教育应用的必然

前文已论述代际传递的方式会受到受教育者的生物学限制和影响。因此，人类的教育面临代际传递与有限教育时间之间的矛

① 何雪松. 社会工作理论［M］. 上海：上海人民出版社，2017：147－149.
② ［美］罗尔夫·E. 缪斯. 青春期理论［M］. 周华珍，等译. 上海：上海社会科学院出版社，2014：312.

盾。这种由生物时间限制的难题是两方面的，即教育的有效性难题和教育的有效率难题。

（一）步入有效：教育有效性难题的破解

人类教育遇到的难题之一是教育的有效性。有效性表明人类个体在具有生物学意义上的人的种类属性之后，通过教育使人类个体完成由自然人向社会人的转变是有成效的。1920 年，年仅 7 岁的印度狼孩卡玛拉，被人们从狼窝中发现并带到人类社会生活。由于其多年和狼生活在一起，其脾气、秉性、生活习惯都与狼相同。如，只吃生肉，不会使用餐具进食，必须扔在地上用嘴叼起来吃。人们希望通过教育使其恢复人性，但收效甚微。卡玛拉用时两年多才学会站立，耗费 6 年时间才学会走几步路，花了 4 年时间才学会 6 个单词，到 1929 年，卡玛拉 17 岁死亡。作为狼孩的卡玛拉，其智力、能力仅相当于两三岁幼儿的水平。虽然人们试图通过良好的教育来成全她的人生，但人应该具备的习惯和能力却并未在其身上很好地形成。其根本原因是卡玛拉错过了学习语言的最佳学习期。由此说明，教育具有有效性。

只有在特定的生物学给定界限范围内，教育才有效，反之无效。如学前期是儿童的行为习惯、情感、态度、性格等初步形成的关键时期。学前儿童这一时期的发展状况将持续性地影响并决定着其日后社会性、人格发展的方向、性质和水平。在这一时期，因环境和教育的不足所造成的损伤将比人生任何其他时期都大。狼孩的事例表明，有效时限内缺乏人类社会环境和教育的影响，人类会丧失善的可能实现的能力。即便此后接受教育，但早期经验的剥夺对人类个体发展带来的创伤是永久的，难以弥补的。

再者，从人类诞生之际起，教育代际传递的内容逐日增多。经验、知识、信念随时代变迁层出不穷，且时刻发生着量和质的变化。因此，随着人类的发展，社会的进步，要求人类教育的内容同步更新。人类个体接受教育的时间已经趋于固定且有限。较之古人，当代人类的教育时间已经被延伸。农业经济时代个体接受教育的时间跨度为 7~14 岁，仅用 7 年时间的学习足以应付往后40 年的工作生涯之所需。工业经济时代，个体的求学时间阶段延伸为 5~22 岁，就能够满足社会生产生活的需要。[①] 而在当今，信息技术高度发达的知识经济时代，以人类幼儿期为界，从个体大概 6 岁接受系统的学校教育开始，至个体成长到 30 岁以前完成高等教育，人类最佳受教育的时间仅为 20 年左右。在有限时间习得越来越多的教育内容成为一种难题。

同时，当前学校教育的时间不能被随意延长。因为根据个体发展的阶段特征来看，童年时期人类个体对经验的接受和积累较快。少年时期是奠定把握自己内部世界基础的阶段，个体内在经验、知识和信念在此阶段生成，也是新的主体由单纯对外部世界探究到关注内部世界变化的诞生孕育期。青年期是个体生命的定向阶段，特别是个人的信念会在青年期固定而难以再改变。所以，从个体心理发展和教育规律的角度看来，教育时间无法延伸。而技术的教育应用能够保障教育的有效实施。

随着技术的不断完善，特别是信息化的发展，物化的技术对教育的有效和稳定提供保障。第一，物化的技术中完备的硬件教育设备，保证教育的有效实施，如直观类型的教具、多媒体教学设备等，这些都是学校教育的重要物质条件，对教育教学的顺利

① 廖建桥. 管理学 [M]. 武汉：华中科技大学出版社，2010：226.

进行具有保证作用。第二，教育者、教育对象、教育内容以及稳定的教育秩序都会涉及技术的使用，技术的教育应用对学校的稳定性起着积极的促进作用。第三，对于信息化社会的教育，其教育对象广泛且分散，除在校学习外，校外学习也是必不可少的。于是，教育的有效保障任务就对技术提出较高的要求。例如，网络教育作为社会教育的一种形式，体现着教育的有效性，已广受欢迎与接受，技术发挥着不可低估的作用。

（二）迈向高效：教育效率性难题的破解

从对教育代际传递的内容——经验、知识、信念的个体阶段性分析可知，个体获得经验、知识、信念的传递时间是有限的。但是，随着教育系统的内容日益丰富和复杂，人类的教育面临这样一个难题：教育代际传递的内容日益增多与教育时间有限之间存在矛盾。即在有限的教育时间内如何才能实现良好的教育。如何在有限的最佳教育期内完成教育，即怎样有效地实现经验、知识、信念三个层面内容的代际传递功能。这是人类教育遇到的难题，教育的有效率性难题。

知识分为两种，一种是明示的知识，另一种是默会的知识。两者都会涉及教育的效率问题。默会的知识更多需要家庭早期的教育。例如，幼儿学习人类本能的生存行动能力，最佳年龄从开始说话至 3 岁。在幼儿本身能力等同的情况下，这 3 年时间内不同幼儿对行动能力的掌握程度不一，这是教育效率的问题。学校教育讨论的则是明示的知识。例如，10 岁到 15 岁的少年，在学校接受教育的 5 年时间内，少年 A 学会两门语言，少年 B 学会 3 门语言，少年 C 学会 4 门语言，少年 D 则只学会 1 门语言，这就是效率的问题。可能少年 C 学会 4 门语言，其效率最高；与之相对应的是少年 D 的低效率。要指出的是明示的知识需通过技术实现有效的传递。

人类知识的产量呈指数增长，① 如最近 30 年所获的知识总量大约等于过去两千多年文明所产生和积累的知识总量。② 教育如何面对人类文明成果急剧增长的问题，应对的手段是压缩与延伸。因为多数社会个体理想的受教育时间应该是恒定的，比如 20 年。这是由人类物种身心成熟期以及学校、职场、社会三者的一定配比构成的最佳的教育时限所决定的。既然在学校教育中专门学习的时间有个确定的、理想的长度，那么应对教育内容的剧增的办法只能是提高人类教育的效率，使得教育传递的速度跟得上文明成果的增长，教育的良好效果使得人类教育的代际传递得以继续。

教育的功能之一是人类经验、知识、信念的代际传递。上下代际的教育实践所获得的对客观世界的真理性认识，是一种对无形内容的作用。因此，从传递方式来看，教育传递的无形内容是受限制的，这种传递方式受最佳传递时间的限制。人类习得和教授的内容增多，引起知识、经验、信念的不断增多，但人类个体接受最佳教育的时间未曾改变。因此，只有技术的教育应用能够回应人类不断增长的知识、经验、信念与有限的最佳教育期之间的矛盾，即教育的代际传递与有限教育时间之间的矛盾。这种因生物时间限制产生的难题是两方面的，即教育的有效性难题和教育的有效率难题。一方面，通过技术的有力保障，人

---

① Frame D J. et al. An Information Approach to Examinity Developments in Enegy Technology：Coal Gasification ［J］. Journal of ASIS，1979，30（07）：193 – 201.

② 林新奇. 管理学原理与实践 ［M］. 沈阳：东北财经大学出版社，2017：319.

类教育遇到的"有效"难题得以解决。技术的不断使用，使得教育活动的实施成为可能并形成稳定秩序。另一方面，教育有效时间不能被随意延长，但技术的教育应用解决了时间压缩的问题，实现教育有效率地、高效率地将经验、知识、信念3个层面的内容进行传递。所以，技术的出现自然地克服着教育的时间难题。

第二章　班级观念的兴起：回应教育的空间难题

教育的空间在本书中特指教育的人际交往空间。本章旨在回应教育的空间难题，教育的空间难题是人类教育的团体性的问题。弗兰克尔认为发现生命的意义"应当到现实世界中去"，而不是在人的仿佛自成一个封闭系统的内心世界中寻找。[①] 所以，人类个体在学习经验、知识、信念的过程中，还面临如何处理人际关系。如果在孤立的状态下学习，不仅教育的内容无法得到传递，而且会产生个体的人性背离与分裂。换言之，人只有在家庭中才能理解家庭关系，只有在团体生活才能理解与团体生活有关的知识、经验、信念，即教育是团体生活中的教育，教育需要面对团体生活。人性的形成受人类团体生活的影响。这个团体是从人类个体出生初始的家庭团体，到学校团体，以及进入社会的工作团体。

---

① 史蒂芬·约瑟夫·创伤后成长心理学［M］.青涂，译.北京：北京联合出版公司，2016：191–193.

一、教育的人性面向

教育过程中的人性包含两方面的面向,人的自然性和人的社会性。自然性又分为两个层面,"种生命"① 意义上的自然性和个体的自然性。"种生命"意义上的自然性对应的是人的理性,这种理性可以理解为人类是可教的,上一章已作论述。而个体的自然性对应人类个体的天赋,针对个体性的差别,可实施因材施教。人性的发展与社会发展相互作用。一则,基于社会需要养成个体应有的人性。二则,随着人性的发展社会得以进步。人类社会生活源于自出生就固定存在的家庭。家庭中父母的教养影响个体人性的形成。家庭是独立的团体,但家庭生活不是独立存在的团体生活。家庭是社会生活中组成社会团体生活的独立单位,融合于社会生活,家庭得以存在。由此,构成家庭组成单位的个体,也同社会生活发生关系。个体具有人性后,人类团体生活才得以维持,也更有意义和价值。

(一) 教育的自然性面向

1. 人类种义上的面向

亚里士多德指出:"人类生来有合群的本性,所以能不期而共趋于这样高级的组合,然而最先设想和缔造这类团体的人们正乃如此伟大善业之因。"② 合群的本性即是人类共性,人类个体的共同特点。③ 这是对"邦国是基于自然而存在"④ 的进一步论证。由

---

① 冯建军. 生命与教育 [M]. 北京:教育科学出版社,2004:39.
② 克里斯托弗·罗,马尔科姆·斯科菲尔德. 剑桥希腊罗马政治思想史 [M]. 晏绍祥,译. 北京:商务印书馆,2016:313.
③ 塞缪尔·普芬道夫. 人和公民的自然法义务 [M]. 鞠成伟,译. 北京:商务印书馆,2009:59.
④ 亚里士多德. 政治学 [M]. 吴寿彭,译. 北京:商务印书馆,1965:9.

是，自然性是从人类共同体中发展起来的。人类的第一种团体是男人和女人之间的结合、自然的统治者和臣民之间的联合。前者出于生理繁衍的自然欲望，后者出于个体的自然性维持和利益的驱动。

人类的自然性是人种义上的天性。因由人类种义的自然性，而产生人类的团体。例如，家庭本身就是为满足日常需要，根据人类个体天性产生的一种选择。而邦国作为较大一级的团体，经由人类创造，也是一种自然性的维持方式。

人的自然性是"人"这个种类得以生存和延续的前提条件。人的自然性不是人的根本属性，人之所以为"人"，在于人具有社会性。人的自然性不是孤立的，而是受社会性制约的，并深深地打上了社会性的印记。人的自然性是人的社会性的自然物质基础。例如，人有生育后代的本能，但人类的繁衍是通过婚姻、家庭等社会形式进行的，而这种社会形式又是随着社会的发展变化而改变的。因此，不能孤立地强调人的自然性。所以，教育作为社会性的活动是在人的自然性及个性化尊重得到满足的前提下，根据社会的需要去实现对人性的改造。针对人的群体性，人的自然性强调教育的平等和协调发展。

2. 个体自然性的面向

个体自然性的面向根植于人类个体的本性自足。所谓"不学而能者"[1] 是个体的"以自然为正"[2]，即是人类个体本来具有的自然。又如，《周易注·下经·损》所言，"自然之质，各定其分，

---

[1]　出自《孟子·尽心上》，人不用通过学习就能够做到的能力叫作良能。这是人与生俱来的原本素质。

[2]　郭庆藩．庄子集释·逍遥游注 [M]．北京：中华书局 1961：20．自然是一切事物存在合理性的根源。自然为万物存在的本质。

短者不为不足，长者不为有余，损益将何加焉"①，对物来说，其与生俱来的自然素质，就使其被打上长短差异的标签，形成能够区分于他物的印记。那么，对于人类个体而言，更是因为不同的个体性质而形成差异。每个个体就是独特的系统，具有唯一性。短者相较于长者，并不表示不足；长者对于短者而言也并非表示有余。即在短者与长者两个相对独立的人类个体内部，其自身的自然性是切合个体具体的特征的。

以此论述教育中的个体同样如此。教育需要以个体为对象，正视个体的系统状态，促进其自然性发展和社会化成长。因此，教育对于个体自然性的面向需要充分考虑个体自然性或社会性的差异。即在教育中要因材施教，促进个体的个性发展，不要把所有的个体培养成同一教育模式的产品，要重视个体之所以为个体的内在自然性。

（二）教育的社会性面向

人性的社会性问题就是人种义上的问题，不同种类的社会有不同的社会性。例如，东西方社会的社会性具有差别，东方社会倾向集体，西方社会更注重个体。东方是以关系来建构社会性，通过社会性来认知个体；西方对个体的强调并不代表对集体的忽略，而是指其以个体性为基础来建构社会性。东西方社会从不同着重点强调社会性的塑造。由此，团体生活成为必要。

社会面向相当于社会整合，其一定在团体生活中实现并影响团体生活。首先，社会整合最基础的单位是家庭，教育最先在家庭中完成。其次，社会的整合表现为宗教团体，早期的宗教承担着教育的任务。国家更是一种社会的整合，教育实际是国家层面

---

① 王弼．王弼集校释（下册）[M]．楼宇烈，校释．北京：中华书局，1980：421.

的从上往下进行的社会整合过程。那么，教育的社会整合，需要以有效的组织形式加以推进。这种推进的方式，却是从小单位到大单位，由下至上进行。由此，教育的社会整合是在已经给定的一个基础教育框架——代际传递的意识形态框架中进行的。

这种意识形态的传递在柏拉图看来，是引导人们进入一种成熟的、饱含人性的慎思。那么，传递就是执行一种培育适合于城邦和帝国的"具有伟大灵魂的"的人的过渡仪式。① 因为，教化是存在于邦国的东西，需要从上至下的推行。通过邦国从整体学校往局部个人推行。即是进行一个国家面向个人的社会整合，其中教师是充当推行的中介者。而教育活动，在社会整合的过程中必须通过一种组织形式，才能够有效落实社会整合。因此，班级的组织形式自然萌生。

1. 家庭的教育整合

古罗马的家庭教育就是最早的有效家庭整合。家父具有至高无上的权威，其掌管家族的一切，包括教育。② 古罗马教育的目标是培养一个有节制、自律的孩子，对国家尽忠义，对父母尽孝义，对朋友尽仁义。③ 这种教育观念从幼儿教育时就开始灌输，对孩子的教导渗透在日常生活中。在孩子最易沾染恶习的年龄，如果没有对其予以正确的引导，或是对其的培养疏忽大意，或者他可能有"一个坏性格的老师"等都有可能造成孩子道德的败坏。因此，正确的引导才是良好道德培养的关键。④ 古罗马人认为培养孩子形

---

① 彼得·斯洛特戴克. 哲学气质：从柏拉图到福柯 [M]. 谢永康，丁儒元，译. 桂林：漓江出版社，2018：8-10.

② 梅因. 古代法 [M]. 沈景一，译. 北京：商务印书馆，1959：146.

③ Marcus Tullius cicero. De Officiis [M]. trans. Walter Miller, Cambridge, Mass：Harvard University (Loeb Classical Library)，1913：46. 西塞罗认为，罗马的教育应引导孩子自小就要学习敬畏神明、尽忠爱国、忠诚爱家、勤奋务农。

④ Quintilian. Institutio Oratoria [book Ⅰ-Ⅲ] [M]. Latin Text and Ed. G. P. Goold, Trans. H. E. Butler, Cambridge, Mass：Harvard university，1921：40.

成良好的道德是父亲的职责所在。① 罗马人的观念认为孩子是属于家庭的，孩子在家庭里所受的教育是其父母服务国家的最崇高表现，孩子需要最崇高的尊崇。② 父亲代表着罗马的传统、权柄、法制、荣誉教导孩子，教授孩子学习文字、体育、政策等内容。③ 各时期的古罗马人都强调父亲教育孩子这种理念，以父亲的角色来阐述自己的教导权威。④ 一大批古罗马政治家、作家、教育家，如西塞罗⑤、贺拉斯⑥等，都曾赞同以父亲的角色对孩子进行家庭教育。如，马尔库斯·波尔基乌斯·加图，罗马史上第一位拉丁语散文作家，就亲自承担对儿子的教育。⑦ 正是出于对家庭教育的认同，父亲教导孩子的传统得以在古罗马长久继承。

作为教育组织单位的 familia（家）是古罗马最小的法定单位，也是其社会根基。罗马初始是由三个部落（tribus）组成的氏族社

---

① 郭长刚. 失落的文明：古罗马［M］. 上海：华东师范大学出版社，2001：40.

② Aubrey Gwynn. Roman Education from Cicero to Quintilian［M］. Oxford：Clarendon，1926：17. "maxima debetur puero reverential."

③ 区应疏，张士充. 教育理念与基督教教育观［M］. 成都：四川大学出版社，2005：30.

④ 根据古罗马风俗，父亲对孩子的教育与训练持续到孩子被认可为罗马的公民结束，以举行加冕礼为准。

⑤ 西塞罗. 论共和国［M］. 王焕生，译. 上海：上海人民出版社，2006：71. 西塞罗称，自己是一个由于父亲的用心而受过广泛教育的罗马人，从小便充满强烈的求知欲望，不过主要通过自己的实践和家庭教训，而不是依靠书本获得的知识。

⑥ Horace. Satires. Epistles. The Art of Poetry. Trans. H. Rushton Fairclough［M］. Cambridge，Mass：Harvard University（Loeb Classical Library），1926：65 – 92. 贺拉斯在诗集中怀念父亲，"可我的陪读者，我的忠实护卫者，却是我的父亲。他使我保持完美纯洁，这是最高的美德，不仅让我远离邪恶，而且远离潜在的恶习"。

⑦ Plutarch. the Parallel Lives of Grecians and Romans［M］. Trans. Bernadotte Perrin，London：william Heinemann，1967：366. 老加图亲自教管其子读书。他认为让儿子给奴仆责骂，或者由于学习迟缓而让奴仆拧耳朵，那都是不对的。他不愿意把教育这种大事交给奴仆。所以他本人亲自担任儿子的启蒙老师，还教其法律课和体育。老加图教其子投铁饼、披甲戴盔骑马、打拳，甚至在台伯河游泳。他还亲手用正体字写成《罗马史》，以便其子不用出门就能熟悉本国的古代传统。

会。每个部落划分为十个宗联（curia），宗联下面划分为十个宗（gens），每个宗下分为许多族（agnatus），族下又分成若干个家（familia）。"家"不仅包括血缘关系上的家庭亲属，其构成包括有生命的家庭成员，或无生命的财产。如父母亲、妻子、兄弟姊妹、子女等，没有血缘关系的奴隶及其家庭，房产、土地、财产等，这几方面共同构成家这样一个大机构。家中 paterfamilias（家父）是唯一为法律所承认的完人。家庭里，父母运用智慧、节制和正义来行使权威。受家族氛围的熏陶，罗马人自小便养成尊重权威以及服从法律的品德。因此，家族孕育着罗马人特有的品德。

罗马人重视家庭对孩子的教育。新生婴儿出世后即送给部落长老检查，如若发现有病残，会被丢入山谷或交给希洛人，健康的婴儿则交由父母养育。父亲承担教养责任，母亲负责乳育。母亲或者乳母必须是哲学家或者有文化的人。中产及其以上家庭，父母亲与教仆都会负责孩子的教育。孩子 7 岁前，由父母或保姆照料；7 岁以后，男孩入学；女孩则留在家中，继续接受家庭教育，如读书写字，演奏乐器，尤其注重家事、缝纫和手工方面的学习。

罗马人的道德是在家庭教育中学到的。孩子的观念意识在很大程度上都是其父母灌输的。昆体良特别提出对孩子的道德形成有影响的几个因素：

【拉丁文文本】

Atsi bona ipsius indoles, si non caeca ac sopita parentum socordia est, et praeceptorem eligere sanctissimum quemque (cuius rei praecipua prudentibus cura est) et disciplinam, quae maxime severa fuerit, licet, et nihilominus amicum gravem virum aut fidelem libertum lateri filii sui adiungere, cuius assiduus comitatus etiam illos meliores faciat, qui timebantur. ①

　　如果孩子自身的自然品质好，如果父母没有盲目的疏忽和失去理智，可以选择一位最正直的人担任老师（其中最重要的事是其必须是睿智的监督者），其教育是极为严格的，尽管如此，把友善的人或是值得信赖的自由人给儿子，增设在儿子身旁，希望他始终如一的陪伴可以改善那些忧心忡忡的人的品格。

　　早期罗马的教育在很大程度上是家庭教育。在家里，自我控制、谦虚和顺从被认为是比智力成绩更为重要的素质。当时，大多数人都认为，孩子的道德是在学校被败坏了。但是在家中，道德已经从小耳濡目染形成。家庭正确的道德引导离不开带养人、监护人、私人教师等自身的道德，这将直接对孩子的道德培育产生影响。但是，随着时间的发展，这种家庭式的教导发生了根本的变化。

　　2. 宗教的教育整合

　　教会的教育主张体现教育的社会整合。从公元 1 世纪昆体良在《雄辩术原理》中提出分班教学，到公元 1416 年文艺复兴后期该著作完整地再现于世，此间，教育组织以教会为主导。教会的建立是为了维护罗马教会的地位，其主要目的是传教，耶稣会公开宣称，耶稣会的典型特征表现为他们的传教精神和教育活动。② 耶稣会的教育目的是宗教的。在《耶稣会章程》中有如下几方面的明确规定：第一，公开宣示服从教皇。包括向儿童或任何其他人

---

① Quintilian. Institutio Oratoria ［book Ⅰ – Ⅲ］［M］. Latin Text and Ed. G. P. Goold, Trans. H. E. Butler, Cambridge, Mass：Harvard university, 1921：40.

② Francis Thompson. Saint Ignatius Loyola, London：Burns & Oates ［M］. New York, Chicago, Cincinnati：Benziger Bros. 1910：179. 章程指出，教育责任是一种崭新的责任。对青年免费实施高等教育无疑是耶稣会的首创。

教授圣训；第二，用普通的方法教授圣训和教义，1 年中不少于 40 天，每天花 1 个小时左右的时间做这一工作；第三，关注男孩的教育。将基督教 10 条圣训以及其他基本教义作为教授男孩的教学内容，教学的内容、地点和时间要因人、因地和因时而异。①《耶稣会章程》共 10 个部分，第四部分提出大纲式的学习计划，其内容涉及入会后耶稣会管理的问题，规定对文学教学的管理和对在两年预备期之后仍留在耶稣会学习的人的管理。其中，前 10 章是有关学院的组织与管理内容，剩余 7 章主要是耶稣会大学管理的内容。

耶稣会最初是免费教学，包括自初等教育至高等教育的所有阶段。耶稣会认同昆体良所主张的学校教育，肯定学校教育在学生道德品格形成和智力发展方面都具有重要的作用。其颂扬昆体良提出的公共教育，秉承教育是许多学生在一起学习的公共教育，反对私人导师制。② 耶稣会从建立初期起就制定了教学秩序。③ 在严密的教学计划的指导下，耶稣会学校把学生按一定程度分班，每班由专任教师运用一些规定的方法开展对固定的教学内容的教学，并规定了一些相应的班级管理办法。关于教学组织单位的规定，教区大主教或修道院院长可以开设不超过五个班级的低年级部，每个班级主修的内容不同，如修辞、人文学科、文法等。如果容纳的班级数量

① Francis Thompson. Saint Ignatius Loyola, London: Burns & Oates [M]. New York, Chicago, Cincinnati: Benziger Bros. 1910: 136. 1539 年 5 月 3 日，罗耀拉在《耶稣会章程》的初稿条款中，提到关于教学的诸项内容。

② T. Hughes. Loyola and the educational System of the Jesuits [M]. London: William heinman books, 1892: 99.

③ James brodwick. The Origin of the Jesuits and The Progress of the Jesuits [M]. London: longmans green books, 1940. 耶稣会由西班牙贵族罗耀拉（Loyola, 1491 - 1556）创立。《耶稣会章程》是在罗耀拉有生之年完成的，其中超过半数的内容涉及教育。1599 年，耶稣会又出版了有关耶稣会教学计划的报告《教学大全》。

少，大主教必须保证高年级班级的开设，低年级班级可以视情况予以取消。①

耶稣会提出的学习目的，是在上帝的帮助下，拯救自己、成员及朋友的灵魂。根据这个学习目的所制定的学习科目，一方面是人类各种语言文字、逻辑、自然哲学、道德哲学、形而上学、经院哲学、实证神学和圣经等这些应当学习的有益科目。学习顺序首先是拉丁语，然后是自由艺术，接着是经院哲学，再往下是实证神学。《圣经》既可以同时学习，也可以稍后再学。另一方面是根据主要责任者的意见，按照上帝的意愿最佳地安排好教学的时间、地点和对象。② 耶稣会建立和维持的大学分为 3 个学部：语言、自由艺术和神学。③ 通常，所有的人都要说拉丁语，人文学科的学生尤其要说拉丁语。④ 自由艺术类课程将持续开设三年半，神学课程开设四年，自由艺术类课程涉及自然科学。⑤ 宗教教育信条的源泉——《教学大全》，涉及的全是教育问题，被认为是最详尽和最彻底的学校教学方案和耶稣会管理学校的指南。⑥ 其中不仅有

---

① 转引自 Robert R. Rusk and James Scotland. Doctrines of the Great Educators, Fifth Edition [M]. New York：The Macmillan, 1979：56. 1832 年版《教学大全》中，有供小学生使用的参考资料（Reg. Prae. Stud. lnf.），第 8 章，第 12 节。

② Ganss, George E. Idea of a Jesuit [M]. University. Milwaukee Marquette University, 1956：306 – 307.

③ 转引自 Robert R. Rusk and James Scotland. Doctrines of the Great Educators, Fifth Edition [M]. New York：The Macmillan, 1979：63.《耶稣会章程》，第 17 章，第 5 节。

④ 转引自 Robert R. Rusk and James Scotland. Doctrines of the Great Educators, Fifth Edition [M]. New York：The Macmillan, 1979：62.《教学大全》第 18 条作了强调，1832 年版《教学大全》进行了微调。

⑤ 转引自 Robert R. Rusk and James Scotland. Doctrines of the Great Educators, Fifth Edition [M]. New York：The Macmillan, 1979：63.

⑥ Bowen, James, History of Western Education, vol, ll [M]. Civilization of Europe, London, Methuen, 1975：423.

教学的一般性原则，也对各学部各学科制定了课程内容和管理细则。①《教学大全》全面、系统地探索、细化教育管理和教育方法。对学制和教育组织方面的规定详尽：低年级学部的班级不能超过 5 个，其中修辞学班、人文学科班各 1 个，另外 3 个为文法班。班级不能混杂，如果学生人数得到保证，不同年级可以开设平行班。②《教学大全》严格规定了教学实践的纪律。例如，学生在完成第一个学期的学习任务后要进行升级考试，考试可以在学年中的任何时间举行。③ 如果对学生升级存疑，需检查其班级记录，审核学生的年龄、能力及其在该班上课的学时数。④ 竞争不是耶稣会教育制度中所推崇的，其反对竞争，学生的名册按姓名的字母顺序排列。关于竞争的规定仅有一条，涉及如何使教学富有生气以及如何让学生迅速掌握所学知识。⑤

3. 国家的教育整合

国家的教育整合则要从古希腊说起。古希腊境内重峦叠嶂，没有建立地区性帝国所需的地理条件。致使古希腊形成由一个中心城市加上邻近的乡村所结合的邦国。柏拉图在《理想国》中阐

---

① Fitzpatrick，E. A，St Ignatius and the Ratio Studiorum［M］. New York and London：McGraw - Hill，1933：121 - 137.《教学大全》中规定《圣经》、希伯来文、经院哲学、教会史、教规以及道德或实践神学、道德哲学、物理和数学等为具体的教学课程；增加了如学生管理学院的规定等。还对低年级学部的规章、书面考试以及有关奖励规则作了详细的规定。

② Fitzpatrick，E. A，St Ignatius and the Ratio Studiorum［M］. New York and London：McGraw - Hil，1933：137 - 143.

③ 转引自 Robert R. Rusk and James Scotland. Doctrines of the Great Educators，Fifth Edition［M］. New York：The Macmillan，1979：67.《教学大全》，第 26 条。

④ Robert R. Rusk and James Scotland. Doctrines of the Great Educators，Fifth Edition［M］. New York：The Macmillan，1979：67.《教学大全》，第 23 条。

⑤ Farrell，Alan P，The Jesuit Code of Liberal Education t Develo pment and Scope of the Ratio Studiorum［M］. Milwaukee：Bruce，1938：292 - 296.

释 πόλις（邦国），① 是因为人们的需要而居住在一起的公共住宅区，人民、土地、文明、历史、社会混合成为共同体。但人们的需要多样，每个人只适合一种工作。因此，需要有满足衣食住行的生产者；需求增加后，出现市场，产生了商人、艺术家；社会发展后，各个公共住宅区会争夺土地，于是便需要有护卫；为进一步维护秩序，就需要统治者。② 所有成员包括统治者、护卫、农夫、鞋匠、商人等，都要在这里得到塑造和抚养。都必须从团体的整体利益出发，把邦国作为一个整体来考虑，才能实现幸福最大化。③ 因此，邦国乃是人类"生活"发展的结果，是为了让人类享受"优良的生活"而形成的。④ 这种统治区域狭小、各自独立的邦国，具有"小国寡民"的显著特征。古希腊时期的邦国大多是相对独立的，每个邦国大体上是自治的，特别是那些实行民主制的邦国更是如此。即使是作为其他城邦殖民地的邦国，也能够在内部事务的处理上极大化地拥有自主权。因为人们普遍相信，只有成为邦国中的一员，才能实现自己作为人的本质。邦国就是一种由自由和平等的公民构成的共同体。⑤ 所以，邦国不仅体现为政治、经济的共同体，也是教育的共同体。任何公民都不会与生俱有美德，同样也不会天生甘愿牺牲。公民美德的生成，需要通过培养；其共同体精神，需要教化熏陶。邦国通过创造良好的教育

---

① πόλις 在柏拉图的理解中，更接近于"祖国"这一意思。古希腊人的政治生活围绕着 πόλις 进行，其被赋予"城"、"国"及"邦"的含义。概言之，πόλις 一词在古希腊就是指邦国。

② Plato. The Republic［M］. trans. Allan Bloom，New York：Basic Books，2016：46.

③ Plato. The Republic［M］. trans. Allan Bloom，New York：Basic Books，2016：98.

④ 王伟凯. 生活哲学论［M］. 天津：天津社会科学院出版社，2013：173－175.

⑤ 亚里士多德在《政治学》中定义，公民即凡可以参加司法事务和治权机构的人们。公民的一般意义原来是指一切参加邦国政治生活轮番为统治者和被统治者的人们。人类作为天然趋向于邦国生活的动物，在本性上是政治动物。

环境教导公民，以保证公民适应共同体的生活并担当起维护共同体的责任。① 除此，邦国共同体的利益至上品质，需要环境氛围熏陶形成。例如，斯巴达的男孩 7～30 岁需要过集体生活，所有男性公民要集体就餐等。② 通过这些方式，培育公民勇敢、节制、正义、明哲、公共利益至上等品质。所以，因邦国发展和稳定需要所呈现出的公民勇敢、节制、爱国、理性的美德，是集中教化和熏陶培育的成果。

邦国在古希腊教育的发展中，扮演着主要的角色。其与公民共生，互为充要条件。一方面，教育是邦国政治首要考虑的问题，是邦国共同体的公共事务。国家这所大学校旨在培养具有善德，能担负公共责任的公民。邦国的公共生活是自由领域，让公民从劳役和工作等生存琐事中解脱，得以投身政治生活施展个性。对于公民而言，这种政治生活的本身就是一种内在的善。公民私人进入公共生活，施展个性、提升人格，将对公共利益、公共善的考虑置于私利的考虑之上，因而邦国培育了人的善德。另一方面，邦国与公民之间形成积极的共生关系。邦国的生存则是公民的生存，对公民的教化则是邦国的发展。邦国教化、培育有善德的人，其善德不在于出身、财富、权势，而在于人本身所能达到的高贵的灵魂。这种高贵的灵魂必须通过邦国教育来完成。邦国对人的教育从婴儿期就开始渗透，再到青少年期公共生活中的熏陶，最后成为"哲学王"。教育培养的"哲学王"是在最高的统治地位上为公众服务的人。而未成为"哲学王"的大众，在接受邦国的统

---

① Aristotle. Politics, trans. Ernest Barker [M]. New York：Oxford University, 1999：37. 亚里士多德强调，创设教育公民的条件，通过训练培育公民美德，开设公民教育课程，统一邦国教育体系，可以是教育公民的有效途径。

② 丁振宇．六大文明古国简史（下）[M]．长春：吉林出版集团有限责任公司，2018：849.

一教化后，也能成为正义的灵魂健康、内心有秩序的人。邦国的强大在于全部公民的智慧与善德。邦国和个人具有相同的终极目标——善。

二、班级观念的缘起

班级观念由集权式和分权式教育观念演变而来。希腊邦国通过集权化教育管理有效实现其独立自治。邦国共同体的利益，也影响共同体政治的公民教育方式。而罗马家族教育的核心在家庭，也以此形成分权式教育。班级（classis）观念建立在罗马人的划分观念与分权式教育框架相结合的基础上。罗马分权式教育是划分思维，即等级划分的教育延伸。

（一）"班级"的词源及其历史意义

1. 等级、经典与班级

拉丁单词 classicus 最初是罗马人发明的，用于翻译希腊语 ἐγκρίθεντες（精选的）一词。希腊语中该词是指那些用希腊语写作的作家，他们的作品被尊为经典和典范。classicus 是作为拉丁语第三变格法名词 classis 的属格。词源 classis - cus，classis 除表示海军舰队的意义外，主要多用于表达罗马社会根据财产划分的社会阶层；"- cus"意有"表示……特性的""像……一样""与……有关""典型的"，其形容词后缀的作用在于强调。在拉丁语中，classicus 有四种含义，可以表示：罗马公民划分的等级；第一等级的，最高等级的；第一流的；阶级的或属于阶级的。[①] 经分析发现，对拉丁词语 class 和 classicus 最初的使用，都与古罗马有关。尤其是在用于描述关于罗马社会划分（division）和罗马公民等级

---

① G. W. Glare. Oxford Latin Dictionary ［M］. New York：Oxford University，1968：333.

的层面上，具有社会的内涵。在前两个义项上，classicus 与其名词形式 classi 保持一致，与塞尔维乌斯的六等级划分改革相关。因此，划分而形成的等级是其中一种含义。同时，classicus 也有被用于指罗马公民中第一等级的公民，表示等级的意思，如"头等公民的""占据最高社会地位的罗马公民"之类。

第三个义项"第一流的"在公元 2 世纪后用来表示拉丁语的经典作品，也指经典的杰出的作家。如格里乌斯曾经赞叹：

【拉丁文文本】

quaerite，an "quadrigam" et "harenas" dixerit e cohorte illa dumtaxat antiquiore vel oratorum aliquis vel poetarum，id est classicus adsiduusque aliquis scriptor，non proletarius. ①

检查并查看是否有人使用过单数形式的 quadriga 或复数形式的 harenae：我的意思是说，属于老一辈的雄辩家或诗人，也就是说，他是第一流的和第一等级的作家，而不是无等级的。

引申义则意味出类拔萃、完美无缺、权威和典型。据《牛津英语词典》相关条目的考证，classic 一词于 1613 年首次在英语里出现，意思也是"第一流的"。

公元 1 世纪，昆体良用名词 classis 来表示学校生活。其提及分班教学的益处，赞同老师用这一方式教学，以形成良好的教学互动。并提供了一个个人回忆：

【拉丁文文本】

Noninutilem scio servatum esse a praeceptoribus meis morem，qui，cum pueros in classes distribuerant，ordinem

---

① A. Cornelius Gellius. NoctesAtticae ［EB/OL］. 2019 - 10 - 10. http：//penelope. uchicago. edu/Thayer/L/Roman/Texts/Gellius/19. html.

dicendi secundum vires ingenii dabant；……ea nobis ingens palma，ducere vero classem multo pulcherrimum. ……①

> 我知道我的老师们有一个并非无用的方式，当他们把男孩们分成不同的班级后，接下来根据男孩们的能力，将依次序演讲……我们演讲成为班级第一名，事实上是最光荣的事情。

此处，classem 是拉丁词语 classis 的宾格形式，作名词，意为"班级"。也正是昆体良首次将分班教学的形式引入教育。昆体良对自己曾经求学的回忆，已经表露出赞成其老师的分班教学方式。并认为分班教学这种教学组织方式的优势在于：第一，教师教学省时省力，学生被划分进班级，教师教学单位以班级计算。第二，教学激励效果明显。以学生的能力、成绩为据，优秀者有权优先进行演讲练习，有效地促进了学生之间的竞争。第三，提升竞争的学习氛围。教师定期举办演讲竞赛，优胜者的特权可以维持一个月。如此，加强了整体的学习氛围和学生之间的追赶意识。

1656 年布朗特在为 class 标注英文注释时，解释了 class 与教育之间的关系。将罗马人"依据百姓身份地位所作的一种分类"的意思引入"班级"中，并表示：

> 在学校，（班级）一词被最常使用，其指学生就读的年级（Form）及其上的课（Lecture），（班级）的这种用法在教育中仍然很普遍。②

---

① Quintilian. Institutio Oratoria（book Ⅰ-Ⅲ）［M］. Latin Text and Ed. G. P. Goold, Trans. H. E. Butler, Cambridge, Mass：Harvard university, 1921：50.

② 转引自 Raymond Williams. Keywords：A vocabulary of culture and Society［M］. New York：Oxford University, 1983：60. "in Schools（wherein this word is most used）a Form or Lecture restrained to a certain company of Scholars - a use which has remained common in education."

由此说明，教育具有阶级划分的意义。班级为"依据百姓身份地位所做的一种分类"，[1] 可以推测罗马根据被划分的五个等级或者按照公民、外邦人等身份，来决定接受教育的权利。第一，在家庭教育中，家父的社会地位、贫富程度、社会分工、受教育程度等，决定了其子女受教育的程度。同样，私人教师、教仆也会因其自身的原因，影响儿童接受教育的效果。第二，在学校教育中教师的身份和阶级同样对学生产生影响。共和时期，教师的身份等同于奴隶。帝国时期，政府设立公立小学、改私立文法学校、修辞学校为国立学校，教师成为国家官吏，从根本上改变了教师的社会阶级性。

2. 汉字"班"：横向划分

汉字"班"具有横向划分的意思。"班"，会意字。"班"的金文字形是两块玉石之间有一把刀，就像是用刀具将一块玉从中间切成两半。小篆的字形与金文基本相同。隶书将小篆的"刀"进行了变形。其义就是分剖瑞玉。汉字"班"的演化如图 2 – 1 所示。

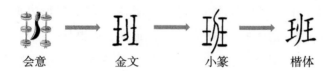

会意　　　金文　　　小篆　　　楷体

图 2 – 1　汉字"班"的演化

《说文解字》中说，"班"玉部，"分瑞玉。从珏，从刀。"实为"用刀具分割玉石"。后引申为"分发"，如《尚书·舜典》记载："班瑞于群后"。其意为，把（作为凭证的）玉分发给诸侯。由此

---

① ［英］威廉斯. 关键词：文化与社会的词汇 ［M］. 刘建基，译. 北京：生活·读书·新知三联书店，2016：98.

"分发"又引申出"颁布"之义。还引申为"布置、排列"。《左传·昭公十三年》记载:"昔天子班贡,轻重以列。"所谓"班贡"是指贡赋的位次,即贡赋的轻重按爵位的高下而定。由此引申为排列次序。《左传·定公四年》记载:"庚辰,吴人郢,以班处宫。"其意表示吴军攻入楚国都城后,按照官位排列。由此,"班"有划分、排列次序之义,且表示的方向是以横向划分、布置、排列。

"班"中包含的跟教学相关的横向划分。第一,按学习阶段横向划分为学前教育、初等教育、中等教育、高等教育等阶段。第二,"班"是作为一种按年龄和知识水平编排,在教师指导下学习的学生的组织单位。同年龄的班与班之间是平等的,也是横向的排列关系。第三,班内教学内容的划分是横向的,按学科分成不同部分、类别,份量平衡,彼此连续而又相对完整。第四,班内的教学活动时间统一,课与课之间有固定的休息时间。

3. 汉字"级":纵向划分

"级",会意兼形声字,本义表丝线的层次和纹理。甲骨文的"级",字形左边上部"人"形,左边下部"手"形,组成甲骨文"及"字;右边是甲骨文"阜"。甲骨文"及",字形表现为:两人前后行路,后面的人伸出手抓住前面的人以追赶。"及"字的本义是"追上、赶上"。甲骨文"阜"字形表现为:山崖边上的石磴,形成一层一层的台阶。"阜"字的本义是"阶梯或者不是很高的土山"。小篆中,"级"字左边变形为"纟"字。"级"引申为等、等级之意。汉字"级"的演化如图 2-2 所示。

| 会意 | 甲骨文 | 小篆 | 楷体 |

图 2-2　汉字"级"的演化

《说文解字》中说，"级"系部，"丝次弟也。"表示与丝线有关。原始社会根据丝的质量分为不同等级。同本义。段玉裁注："本谓丝之次弟，故其字从系。引申为凡次弟之称。"其一引申义项为"等级"，特指官阶爵位的品级。《广雅》记载："级，等也。"《礼记·曲礼》记载："抬级聚足，连步以上。"注："等也。"择其意为，逐级登阶。《声类》："级，阶次也。"又见《礼记·月令》记载："以别贵贱等级之度。"由此，"级"有等，等级，阶次之义，且表示的方向是纵向。

"级"中包含跟教学相关的纵向划分。第一，纵向划分的学校系统为普通教育系统、师范教育系统、职业技术教育系统、成人教育系统。第二，纵向的学校组织管理系统。如，校长承担组织管理职能，实行纵向分层直线式领导，职能部门进一步纵向管理。第三，"级"是将不同班，依照其学习目的或任务，进行依等级的连续次序，如"年级"。第四，在同一教学内容下，依从班级学生不同的知识接受能力所反映的学习等级，如"优、中、差"。

（二）班级观念与人类划分逻辑

1. 划分的思维模式

罗马的划分思维在其建立之初就已存在。初建的罗马，内部以血亲为纽带划分为三个部落，这种血缘关系的组织方式就是种族的划分方式。也正是基于此划分，罗马才会出现一个部落住一个地区，每个部落之下分宗联，宗联下面分宗，宗下分族，族下分若干家。除此以外，一旦面临军事威胁，每部落会动员和征募千名士兵，每个宗联会派出同样数量的兵员100人。三大部落也会向罗马王派出300名乘马步兵作为近卫军，并在以后逐步成为真正意义上的骑兵。① 由此，以血缘关系的划分成为一种军事意义上的初步划分。罗马通过划分建立适合自身的政体，似乎是出自划分的本能。②

罗马的划分思维，不仅显示为区域种族的划分，更呈现出一种社会等级划分。③ 从某种意义上说，社会等级划分对于由大量奴隶组成的罗马社会来说是合理的。虽已经用财产差别来划分社会成员的政治地位，但罗马贵族与平民的差别仍旧存在。这种差别表现在以下方面：一方面等级观念严重，平民有了钱，可升为第二等级、第一等级；而贵族即使破落还是贵族。另一方面门第森严，平民不能与贵族通婚；平民可以获取物质财富但不享有政治权力；平民无权参与分配国家征服外族得来的土地等。在确定自由罗马人在社会中的地位时，部分因素被认为是决定性的。这些因素包括血统，以财富和政治特权为基础的普查等级，获得荣誉和公民身份的等级。首先是血统，自罗马王政时代贵族便拥有政治权利，贵族是行政和军事力量的精英，被认为是罗马创始人——罗慕路斯的后裔。平民是其余的普通公民。其次是由财产差别所决定的公共权力、政治制度，以及是否能够决定战争和纳税等事项。同样重要的是身份，罗马公民身份分多种类型，反映罗马阶级的结构。男性公民享有最广泛的特权，妇女获得的公民身份有

---

① 州长治．西方四大政治名著［M］．天津：天津人民出版社，1998：558－560.
② ［法］让·雅克·卢梭．社会契约论［M］．李平沤，译．北京：商务印书馆，2011：125. 卢梭认为，当初在一个城里没有必要这样划分，这种划分纯粹是军事性的。罗马城之所以能预先就给自己建立这么一个适合于作为全世界的首都的政体，似乎是出自一种伟大的本能。
③ 以财产差别为基础划分的政治制度是罗马的国家制度。经由塞尔维乌斯划分和改革后的罗马国家应运而生。国内决定公共权力的政治制度具体体现为由罗马人民大会表决议案，其主要任务是决定战争和纳税等事项。与财产等级相适应的是各等级分别组成的数量不等的百人团（Centuria）。

限，奴隶没有任何合法权利，获释的奴隶享有有限的权利，其子女被视为罗马的自由公民。① 社会的等级划分直接影响个人受教育的权利。

2. 划分思维的教育延伸

罗马出现横向与纵向结合的教学划分方式。以昆体良的教学方式为例，横向划分有：第一，按学校阶段和教学内容划分。罗马基本上承袭了古希腊的教学课程与方法，直至罗马帝国时期也一直保持着，没有太大的变化。其间，教学体制被改造成拉丁式的。学校按照学习内容大致分为三个阶段：初级读写算、中级文法和高级雄辩术，这三个阶段呈阶梯级形式。第一梯级初等学校是私人开办的收费学校。在一般情况下，7～12 岁的孩子要到初级学校学习读、写、算这三门学问。第二梯级的学校是文法学校，中等文法教育实际上是专门为上层或中产阶层的子弟们开办的，学习的内容是文法和读诗。雄辩术是高等教育的核心，属于第三梯级，也是教育的最高目标。能够进入此阶段学习的学生，其年纪一般在十六七岁，主要属于精英阶层。② 第二，按年龄和知识水平编排的"班级"划分。昆体良所处的帝国时期的分班教学，主要是针对文法学校和修辞学校的教学组织形式。③ 当时的教与学发生在同一间教室里，教师把学生分成几个班级，依次教授不同的内容。④

纵向划分有：第一，纵向划分的学校系统为普通教育系统、

① 但在某些情况下，男性公民也可能被剥夺公民身份；妇女没有投票或担任任何公职的权利，但拥有财产权，离婚权和经商权等法律权利；奴隶完全由主人掌握。
② 姬庆红. 古罗马教师研究 [D]. 上海：上海师范大学，2009：42 – 45.
③ 任钟印. 东西方教育的覃思 [M]. 北京：人民教育出版社，2017：122 – 125.
④ Stanley F. Bonner. Education in Ancient Rome：From the Elder Cato to the Younger Pliny [M]. Berkeley：University of California，1977：133.

师范教育系统、职业技术教育系统、成人教育系统。第二，依等级进行的"年级"教学。低年级学生的学习由高年级学生协助，如检查基本的字母和音节掌握情况。利巴尼乌斯曾在修辞学校里，把自己仅有的一间大房子划分为四到五部分，中间用窗帘、隔板分开；再划分为相应的四至五个年级，每个年级约十名学生。① 同时，学生的时间和精力应当用在自己的学习上，特别是在进行写字、默诵、思索的时候，教师的陪伴守候不但不会有任何的帮助，反而会造成妨碍。② 第三，依班级学生不同的知识接受能力，所反映的学习等级把学生分成不同的班级，相互学习追赶。这对学生有激励功能，能够增加学生潜在发展的可能。一方面，学生从教师对他人评价中受到警惕和启发。在竞争环境中老师对某一学生的赞扬、责备，能够对其他学生产生刺激、警惕作用。学生在激励、鞭策、警醒、鼓舞中逐渐正确评价自己，修正自己。另一方面，学生按照能力被划分，后进学生从优胜学生处受到激发和鼓舞，③ 有利于学生之间相互学习，取长补短。④

三、作为教育团体的班级前史

（一）共同体与团体

教育活动本身要求团体性。涂尔干解释人类一切感受来自个

---

① Stanley F. Bonner. Education in Ancient Rome：From the Elder Cato to the Younger Pliny ［M］. Berkeley：University of California, 1977：133 – 134.

② Stanley F. Bonner. Education in Ancient Rome：From the Elder Cato to the Younger Pliny ［M］. Berkeley：University of California, 1977：133.

③ Quintilian. Institutio Oratoria （book Ⅰ – Ⅲ）［M］. Latin Text and Ed. G. P. Goold, Trans. H. E. Butler, Cambridge, Mass：Harvard university, 1921：50.

④ Quintilian. Institutio Oratoria （book Ⅰ – Ⅲ）［M］. Latin Text and Ed. G. P. Goold, Trans. H. E. Butler, Cambridge, Mass：Harvard university, 1921：48.

体经验，一切理性并非与生俱来的、超验的，而是属于"团体表象"，来自"团体意识"，产生于团体生活之中。① 同时，团体生活是变迁的、进化的，在古代以血缘为单位组织的团体或阶级团体里，多是依赖服从的生活方式。这种生活方式不需要教育这种团体生活，自然不需要教育。就人的本性而言，人是一个社会性的实在。"个人的心灵熏陶深深地受社会传统、所传授的经验和知识、思维方式、价值观和信念、风俗以及态度的影响。"② 与此相应的是人的社会本能，这是人性最强的动力之一。即如歌德所言，"我们自己所是的，或我们本身所拥有的是多么少。我们必须将这一切向别人学习，不仅是向前辈，而且也是向我们同时代的人学习。哪怕是最伟大的天才如果他仅仅靠自己所拥有的，他也不会有什么大的成就"。③ 由此，只有通过社会的完善，人才能充分地发挥自己的本性。

1. 共同体形式的教育

古希腊以邦国共同体的形式实现对公民德行的教育。其建立公民教育制度，是为了营造进行公民德行教育的良好环境，公民与邦国关系密切，公民个体是身处邦国共同体中的个体。公民个体的德行是邦国正义的组成部分，而邦国是个体德行教化的根本。按照柏拉图的划分，邦国之内居第一等级的是哲学家，其管理国家；居第二等级的是军人，其保卫国家；居第三等级的是生产阶级，其供养国家。如何将人根据社会分工，对应划分进这三种等级，需要以公平的教育制度为基础进行筛选。事实上，这种教育

① 转引自周彩霞，朱宪辰，关宏宇. 制度变迁中的学习行为与信念调整：理论、实验与现实 [M]. 北京：中国发展出版社，2014：9.

② A J. Messner, Social Ethics [M]. Landon: Herder Book company, 1965: 96.

③ J. Hoeffiner, Fundamentals of Christian Sociology [J]. trans. G. Stevens. Theological Studies, 1966, 27 (3): 443.

制度体现的是精英统治模式的教育。公民从基础培养开始，到初次选拔，到提高培养，到再次筛选，最终进行专业教化。这一系列过程是对人的教化。

在柏拉图设置的课程中，音乐和体育是初等教育课程，其上设置算术、平面几何、立体几何、天文学、谐音学五门课程，最上层的课程为哲学。柏拉图认为，哲学是高于数理学科的。数理学科的五门课程本身只是达到真理的必要途径，却还不是真理。在柏拉图的教育设想中，数理学科是军人和"哲学王"所必修的，军人学习意在实用，而"哲学王"的学习，意在为进一步研究哲学作准备。而学习哲学课程的目的是让灵魂通过纯思辨，去认识可知可见的世界，认识到"善的相"。哲学在别的课程的基石之上，掌握哲学也就实现了心灵转向的目的，那么对"哲学王"的培养、教化也就完成了。这种教化的方式指向的是邦国层面的领导教育。

2. 集权化的团体教育

斯巴达实行邦国高度集权的教育模式。在柏拉图认为已完美实践其教育理想的斯巴达，教育行政从属于普通行政。权力完全集中于最高统治者，最高统治者直接控制教育，[1] 教育经费由国家统一分配。古希腊斯巴达的教育，完全控制在国家的手中。连作为教育对象的儿童本身，都被认为是国家的财产。斯巴达的孩子属于邦国所公有，其存在目的是为邦国效忠。[2] 斯巴达的孩子自出生至 30 岁，必须接受邦国安排的教育。从 7 岁开始，他们离开

---

① 古代斯巴达设有五长官，即五个人组成的小团体，意指监管，每年由全体城邦公民选出。这五个人负责协助国王执政，他们真正掌握着斯巴达的权力、作出城邦的决策。

② H. I. Marrou, A History of Education in Antiquity ［M］. trans. G. Lamb, Lodon: Sheed and Ward, 1956: 79.

家庭去到寄宿学校，由青年监督进行统一监管。寄宿学校的教育内容以军训式的纪律训练为主。监管人员将孩子分为两队，男女都接受相同的训练，委任比较勇猛的孩子为队长。同时，教育内容还有严格的品行训练，训练内容是绝对地服从命令、言词简明、主动自觉地负责任。12 岁左右，进一步加强体能训练，并转由刚毕业的年轻人负责。[①] 20 岁以后，女孩不再参加训练，而男孩进一步接受训练直至 30 岁。在斯巴达，国家对教育的控制是极端的，其教育所培养出的斯巴达人效忠国家却缺失对个人的关注。

教育是团体生活，一方面需强调教育这种团体生活的必要性。教育原本就是团体的产物，由团体创造。教育使得学习者组织起来，结成团体。大桥精夫强调，"通过每一个儿童的学习活动，使人类的文化遗产转化为所有儿童的个人资产，成为他们思维与实践的武器"。[②] 另一方面，说明教育活动必须"团体化地加以组织"，[③] 教育活动是受教育内容、教育形式制约的。简而言之，教育活动本身已经属于团体性的。教育的行为要求团体性质更加自然、直接。教育内容与教育的形式应以团体性的生活为基础。

3. 团体与个人教育的统一

古希腊由国家掌控教育，国家是所"大学校"。邦国根据政体原则和宗旨设计课程，安排学制，制定教学内容，以培养公民的美德。古希腊追求邦国与个人的整体和谐。一方面，邦国通过政治权力抑制族内经济被一分为二。曾采取富人给穷人津贴的措施，

---

① 在严格进行体能训练的同时，不允许洗澡；一年只配给一件衣服，集体睡在宿舍或在户外露宿，晚上要卧在草床上。

② 转引自钟启泉. 班级管理理论 [M]. 上海：上海教育出版社，2001：43.

③ 刘铁芳. 中国基础教育评论（第 1 辑）[M]. 上海：汉语大词典出版社，2011：68.

以追求邦国整体的利益。另一方面，邦国使得每一个公民确信，个人的自由发展和价值，只有在邦国的公共生活中才能得以实现。因此，适应邦国政治的教育是集权式的公共性教育。古希腊的这种教育方式，要求个人必须与邦国相统一。与邦国相统一的教育目的在于促使孩子成为社会的良好公民，能够按照公义去统治与被统治。[①] 由此，国家对教育采取有限的行政管理方式。其包括干预学费的标准和教育的方式、允许多种形式的办学等。

而罗马教育旨在塑造良好的罗马公民，其对家庭、国家都有忠贞操守。因此，自小的家庭教育能培育出一个充满爱国激情的公民，并且由父亲以身作则去影响孩童心灵。罗马人的教育理念是罗马人对所崇尚的神明和国家的激情、情操、情义、忠诚、气节等。这种教育理念的渗透需要以群体教育的方式完成。群体教育以学校教育的形式实现。昆体良在论及雄辩术学校基本原理之初，也锁定在孩子应该留在家里，还是送往学校的讨论。[②] 学校取代家庭而成为教育的主要场所，是因为学校教育的目的是公民教育。只有通过接受严格的学校教育，才能培养出杰出的雄辩家。而"完美的、杰出的、崇高的、才华横溢的"雄辩家，更是团体教育的完美结果。[③]

（二）班级形式的萌芽

鲁道夫·洛赫纳将引入团体生活和传播团体文化视为教育的目的。[④] 换言之，人只有在家庭中才能更好地理解家庭关系，只有

---

① Plato. The Laws［M］. trans. Trevor J. Saunders, London：Penguin Books, 1970：70 - 71.

② Quintilian. Institutio Oratoria（book Ⅰ - Ⅲ）［M］. Latin Text and Ed. G. P. Goold, Trans. H. E. Butler, Cambridge, Mass：Harvard university, 1921：38.

③ Quintilian. Institutio Oratoria（book Ⅰ - Ⅲ）［M］. Latin Text and Ed. G. P. Goold, Trans. H. E. Butler, Cambridge, Mass：Harvard university, 1921：48.

④ 杨其勇，李宗远. 理论教育学研究［M］. 成都：西南交通大学出版社，2013：20.

在团体的教育生活中才能理解与团体生活有关的知识、经验、信念。那么，对教育内容的传递，一方面需要技术提高其效率；另一方面也需要教育组织形式的有效保障。根据泰勒的教育原理，学习需要经过有效的组织，才能达成教育目标。[①] 人类的教育需要时间，但受到最佳有效时间的限制，因此必须将教育的经验加以组织，以提高教学的效率和改善教育内容传递的强度。将个体直接经验组织为较系统的知识要花费相当长的时间，同时前文已对学校教育时限的短暂性与有限性作出论述。要解决如何将教育经验、知识、信念进行代际传递，需要将个体的有限直接经验建立在稳定的承载基础上。那么班级就是这个有效的组织形式，因为班级是一种旨在实现教育目标的人为组织的，带有强制性的团体。[②]

1."班级"形成的三次重要推进

自昆体良分班教学提及"班级"后，中世纪的学校教育中并未正式提及班级的概念，但是有类似班级的形式。[③] 巴黎大学神学教授罗伯特·顾雷特的报告中曾描述一所大学的布局[④]：

---

① 泰勒. 课程与教学的基本原理 [M]. 施良方，译. 北京：人民教育出版社，1994：49 – 51.

② 王方林. 在自由与约束之间班级经营的实践与原理 [M]. 上海：上海辞书出版社，2003：10.

③ Philippe Aries. Centuries of Childhood：A Social History of Family Life [M]. New York：Alfred A. Knopf, 1962：176. 菲利浦·阿利埃斯在《儿童的世纪》一书中讨论了班级起源的问题。指出，虽然中世纪学校教育中没有"班级"，但在古典时期，如公元95年，在昆体良的研究中被提及。

④ 1517 年，巴黎大学神学教授罗伯特·顾雷特发表的一份简明扼要的报告《巴黎纪事汇编》中，最后一部分包括了一系列戒律，顾雷特认为，任何想要建立或改革一所大学的人都应该采纳这些戒律。除了鼓励读者遵循巴黎已经实行的生活和教学模式外，顾雷特的第一条箴言还描述了当时一所合适的大学的布局。

　　　　根据地点和审计员的需要，至少应有 12 个班级或小型学院。①

　　从顾雷特的描述中可以推测：中世纪的"班级"，或指学习的一群学生，或指进行教学的场所。但这个"班级"与小型学院、与教学组织形式，有何种联系？提及的小型学院是针对学生的年龄划分为"小"，还是对教学组织的规模界定，抑或是形容其场所的地理覆盖范围？

　　纵观中世纪教学组织的实践经历，其孕育了"班级"的重新出现。第一，博洛尼亚大学学生自治的实践促进了"班级"的形成。学习年限在 5 年至 10 年或以上，这是学制的构成雏形。② 第二，巴黎大学教学管理的实践，推动"班级"形式初现。为更严格地控制大量走读学生的学习进度和出勤率，采取单位划分。③ 使得"班级"首次在蒙太古学院的章程中使用。

　　　　正是在蒙太古（Montaigu）1509 年的课程中，人们第一次在巴黎发现了一个精确而清晰的班级划分……也就是说，根据学生的年龄和所掌握的知识，按阶段或复杂等级递增的程度划分为几级。④

---

① Goulet, R. Compendium on the University of Paris [M]. Philadelphia, 1928: 100 – 101. "There should be at least twelve classes or small schools according to the exigency of place and auditors. "

② Alan B Cobban. The medieval universities [M]. London: Methuen, 1975: 72 – 75.

③ Philippe Aries. Centuries of Childhood: A Social History of Family Life [M]. New York: Alfred A. Knopf, 1962: 167.

④ 转引自 [英] 拉斯达尔. 中世纪的欧洲大学：博雅教育的兴起 [M]. 重庆：重庆大学出版社，2011：340 – 341. "It is in the 1509 programme of Montaigu that one finds for the first time in Paris a precise and clear division of students into ilasses…… That is, divisions graduated by stages or levels of increasing complexity according to the age and knowledge acquired by the students. "

蒙太古学院在巴黎大学开创了一种以"班级"为单位的制度。将学院的管理转变为教师严格管理学生。① 第三，兄弟会学校对教学组织进行了革新，其制度中出现了年级的划分和学制的规定，明确了"班级"这级单位。例如，在约翰·塞勒担任兹沃勒学校校长期间，该校吸引了多达 1 200 名学生，兄弟会开始将学校分为八个毕业组。② 在海格亚斯任代文特学校校长期间，该校有 2 000 人，分成了 8 个班级。③ 法国天主教神甫拉萨尔创立基督教学校兄弟会从事初等学校事业，他把学生编成若干个小组，每组由一名教师在同一时间采用同一教法向全组进行教学。④

在西方，学生自治的实践、教学管理的实践、宗教组织的实践的影响驱动了"班级"的形成。但是早期的"班级"并不是纯粹的教学单位，更多的被视为行政单位。"班级"一词并不是作为学校的替代品出现的，严格地说，它是为了区分"学校"的各个部分而产生的单位。由此，可以回应前文根据顾雷特的描述对"班级"使用的推测。一方面，通过较小的教学单位教育效果得到更有效的促进。另一方面，组织形式是根据教育目的的需要而进行划分的，大多按照学生学习能力的大小，分成小份额的单位。

2. 宗教对班级观念兴起的影响

早期的教会具有教育的功能，其具体目标在于帮助教会的会士和未来的神职人员理解、论证教会经典、著作及祷词等。教会的终极目的是传播教义和扩张教会。虽然教会对教育的态度是在服务教

---

① Renaudet, A. Prereforme er Humanisme a Paris1496－1517［M］. Paris：Honore Champion，1916：8.

② Henkel, J. 'School organizational patterns of the Brethren of the Common Life' in Strand, K. A. Essays in the Northern Renaissance［D］. Ann Abor，1968：37.

③ 李伟胜. 班级管理新探索 建设新型班级［M］. 天津：天津教育出版社，2006：16.

④ 魏国良. 学校班级教育概论［M］. 上海：华东师范大学出版社，1999：5－6.

会的地位和影响力上，但事实证明其在教育方面的努力是当时社会所需要的并且富有成效。它一方面强调要态度温和地对待学生，尽可能使教学变得轻松。① 耶稣会以强有力的道德和宗教作为工具渗透教育。这种教育渗透包括忏悔和圣餐在内的方式。因为耶稣会认为，在学生的道德训练中，忏悔具有不可估量的价值。通过圣餐，耶稣会进行基本的慷慨教育。② 另一方面，耶稣会学校的班级教学除了缺乏对班级教学的理论说明以外，已初步具备班级教学的基本要素，是宗教改革时期最成熟的班级教学模式。③ 耶稣会对教育的贡献表现在《耶稣会章程》的组织管理规范性和《教学大全》中原创的教学方法，也归因于宗教阐释者具有点燃别人热情的个人信仰。换言之，宗教教育对学生的尊重和对后世教育的影响在于将统一的、普遍的教育方法和价值观传播给世界，将有效率的、有秩序的教学组织带给后世。

宗教学校根据个人的情况，把各个层次的学生组织在一起进行教学，这种方式影响了学校教育的总体组织。1521 年，在伊拉斯谟对伦敦的圣保罗学派的描述中，使用了"班级"一词。④ 17

---

① Francis Thompson. Saint Ignatius Loyola ［M］. London: Burns and Oates, 1910: 295.

② Fitzpatrick, E. A, St Ignatius and the Ratio Studiorum ［M］. New York and London: McGraw – Hill, 1933: 553 – 555.

③ Robert R. rusk and James Scotland. Doctrines of the great Educators ［M］. New York: The Macmillan, 1979: 55.

④ P. S. Allen. Selections from Erasmus principally from his epistles ［M］. oxford at the clarendon. 1918: 101. Tota schola nullos habet angulos aut secessus, adeo ut nec cenaculum sit ullum aut cubiculum. Pueris singulis suus est locus in gradibus paulatim ascendentibus, distinctis spatiis. Quaeque classis habet sedecim, et qui in sua classe praecellit, sellulam habet ceteris paululo eminentiorem. Nec quosvis admittunt temere, sed delectus fit indolis et ingeniorum. 最终，在一个小寺庙里，布置用来执行神圣的意识。所有的学校都设有一片僻静的地方或角落，用阁楼当作卧室，让单亲孩子们按照不同的年级，被划分在不同区域。每个班有 16 个孩子，并配备稍微高一些的椅子。他们无所畏惧，生来就被选中，并赋予了智慧与勇气。

世纪初，白俄罗斯、乌克兰以及捷克等地的兄弟会学校，实行分组教学的组织形式。① 同一时期，阿拉伯地区一些伊斯兰教国家中清真寺的教学模式也发展为班组教学。② 无论是采取分组教学还是分班教学，其采用的教学模式都只是班级教学模式的雏形。这种以"班"为单位的教学形式是介于个别教学和班级教学之间的过渡形式，也是个别教学向班级教学过渡的重要部分。与前期的个别教学相比，班组教学已具有按班组形式组织学习活动的成分，并初步显现班级教学的某些特征。数名教师分工负责班组教学；教师同时教一组学生，学生集体学习、共同活动；教学课程按照一定的顺序编排。另外，班组教学中的分科教学已具雏形，课程和修业年限也初步确定。③ 这为此后的班级教学组织形式奠定了基础。

3. 班级组织的团体性特征

回溯班级的发展过程我们发现其对于教育内容的传递起着重要作用。因班级所具有的社会属性，对其的理解需借助教育社会学的分析方法。对其的研究分为三个维度：第一，以华勒为代表的分析，认可班级的群体性，将其视为特殊的社会群体。④ 第二，美国社会学家帕森斯从社会系统的视角，论证班级作为特殊社会系统的合理性。⑤ 第三，班级是一种"社会组织"。班级具有社会组织的特点：（1）超出了社会初级群体的规模；（2）在学校中、社会中、教育中都存在预先规定的正式规范；（3）班级分成不同

---

① 哈尔拉莫夫. 教育学教程 [M]. 丁酉成，译. 北京：教育科学出版社，1983：200.
② 李定仁. 教学思想发展史略 [M]. 西宁：青海人民出版社，1993：344.
③ 曾天山. 教学组织形式比较研究 [J]. 西北师大学报（社会科学版），1992（01）：78－83.
④ 杨鑫辉. 现代大教育观：中外名家教育思想研究 [M]. 南昌：江西教育出版社，1990：199.
⑤ 张人杰. 国外教育社会学基本文选 [M]. 上海：华东师范大学出版社，2009：437.

层次的小群体。① 本书所讨论的班级是教育的团体组织化形式，其具有社会性和团体性，是教育的共同体。

人类通过交往沟通彼此的目的、信念、志愿和知识。杜威有关民主与教育的思想将"公共""共同体""交往"三个概念通用。其认为交往是一种沟通经验的历程，经验参与使个体化的经验融入公共经验中。② 由此可说明班级具有社会性。个体活动的首要特征是社会性，无论活动指向客观对象还是指向个体或集体，都不能脱离人的社会生活和社会关系。班级是承载教育活动的载体，既反映着施教与被教的社会生活，也涉及两者之间的社会关系。"学校是一个专门机构，它不仅是一个社会化的机构，还将越来越成为选择的主要渠道，以便使人们在一个日益分化的、逐步向上升迁的社会里所期望的相一致"。③ 班级是一个社会化的机构，同时也是一个选择分类的机构。帕森斯从系统概念、特征、条件与功能等方面，说明班级的社会性特征：两个或两个以上人群的交互作用；一个行动者与其他行动者处于"社会情境"之中；行动者之间存在有规范及和谐的认知期待，因而通常具有某些相互依存的一致行为表现等。④ 以帕森斯的社会体系理论分析班级，班级就成为承载正规教育事务的场所。

现代意义上的班级既是社会组织，也是社会团体，更是教育的共同体。班级首先是作为学校教育教学的最小单位而存在的。⑤

---

① 刘志敏 . 教育社会学 ［M］. 长春 : 吉林大学出版社，2014：169.

② 约翰·杜威 . 民主主义与教育 ［M］. 王承绪，译 . 北京 : 人民教育出版社，2001：2 - 3.

③ 倪小敏，单中惠 . 教育公平与教育效率：英美基础教育政策演进研究 ［M］. 济南 : 山东教育出版社，2015：164 - 165.

④ Parsons. T. , The School Class as a Social System ［M］. London：Tavistock. Parsons，1961：199 - 200.

⑤ 王洪明 . 从"管理"到"辅导"：班级变革研究 ［D］. 上海 : 华东师范大学，2011：37.

那么，组织的属性目标、机构和规范也应该是班级所具有的。① 班级本身就存在组织因素：班级所要完成的任务，所追求的预期结果；教师至学生的管理体系；班级所制定的一套明确的由奖惩制度予以保证的活动规章制度。② 班级既有组织的系统目标，也有符合班级价值与利益的构成机制与规范，其具备如下三个条件：第一，具有一定的社会关系；第二，具有共同目标和持续的交互活动；第三，符合共同的群体意识和规范。③ 若以此为标准衡量班级，参与班级活动中的个体彼此之间能产生相互影响、相互作用，因共同的教育目的保持持续的教学行为，在共同价值、规范的约束之下进行教育活动。因此，从社会关系、交往性质及群体规范这三个要素来判断，班级是实现教育活动的人群集合体——"学习的集体"，具有团体性。④ 另外，集体教育理论的奠基者克鲁普斯卡娅和马卡连柯强调班级的整体性。其认为班级是反映群体与集体之间差别的重要参数，马卡连柯还创造性地提出"在集体中通过集体和为了集体进行教育"的原理。⑤

四、班级兴起的必然

（一）教学稳定的需要

关于班级组织化团体的讨论，实际上是在讨论班级这种教学

---

① ［美］弗里蒙特·E.卡斯特，詹姆斯·E.罗森茨韦克.组织与管理：系统方法与权变方法［M］.李柱流，刘有锦，苏沃涛，译.北京：中国社会科学出版社，1985：178－179.

② 李永生.班级性质动态观［J］.教育评论，1999（3）：44.

③ 吴增基，吴鹏森，苏振芳.现代社会学［M］.上海：上海人民出版社，1997：130.

④ 片冈德雄.班级社会学探讨［J］.吴康宁，译.华东师范大学学报（教科版），1985（3）：37－42.

⑤ 唐迅.班集体教商实验的理论与方法［M］.广州：广东教育出版社，2000：12.

组织形式的本身是什么。班级是最能体现学校特征的组织形态，对班级组织形式的把握可以从空间构造、时间构造、人际构造三方面入手。班级组织形式促进班级教学的稳定。班级组织形式的本质是具有特定时空限制的"一对多"教学体系。如图 2-3 所示。

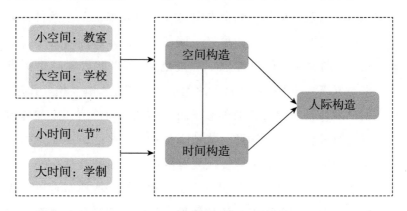

图 2-3　班级组织形式的构造

1. 空间的构造

在班级教学组织形式中，空间主要是指静态的物理空间，即开展教学活动的物理维度的空间。其包含小空间和大空间。有限定性的小空间，即是教学活动所限定的教室（classroom）。构成一间教室这个小空间的特点有三：其一，教学空间以墙壁、门、窗等构成，空间相对独立、封闭；空间中以一定次序进行排列，如"秧田式"课桌、讲台摆放。其二，空间中一定有一个人的自然的发音器官嘴发声，一个人的接收器官耳朵收音，以便能够进行有效的信息交流；空间规模是声音范围，必须让发声人的声音能够让收音人听到，即限定在发声与接收不借助如麦克风类器械的大小的空间规模。其三，一个班级有一个固定空间。

大空间则是在班级固定空间的基础上，由多个班级物理空间所构成的学校。空间本身就是一种教育的承载体，参与教学的对象在空间中感知、体验，得到教育。现代教育信息技术还未出现以前，班级教学制具有空间限制——教室。单靠教师人声传播的空间是有限的：假设师生在教室中距离太远，学生就难以接收到教师的声音，那么"班级"自然无法构建起来。因此，可以将核心构造要素空间，理解为以教师声音的合理覆盖范围所构成的一个自然班级的最大限度。

2. 时间的构造

从教育学的角度看，时间是一种重要的教育资源。一是教学活动在规定时间范围内进行。二是教学时间是影响教学活动的要素之一，控制改变教学时间就可能控制改变教学活动。三是教学时间影响教学效果，教学时间安排需要考虑对教学效果的影响。

班级教学组织形式的时间构造，属于限定时间，其包含小时间和大时间。第一，在教学活动中，小时间以"节"为活动单位，可具体到一个班的一节课的学习时间。第二，大时间则是年级单位的学习时长。一个年级学习的具体时间长度就涉及修业年限，属于学制的问题。所以，班级教学制中蕴含小时间和大时间。

班级的时间是固定的。因课程的基础单位时间"节"，而固定形成教学活动的所有时间。形成班级教学的课程，所要完成的完整教学内容、教学任务，被人为地划分成一段时间以适应课程"节"的要求。因此，"节"这个时间的限制，也是班级教学制的时间限制。

3. 人际的构造

人际的构造主要是教师和学生在教育活动中所结成的相互关系。班级教学制是在一定的师生关系的构造下维系的。就具体的教学组织而言，第一，师生关系的构造可以是"一对多"教学、"一对一"教学等。例如，中国古代师徒制教学、私塾制教学是个别教学制，属于"一对一"的师生关系构造。对于"一对一"人际构造的教学而言，是不受时空限制的，如"柏拉图散步"方式的教学。而"一对多"教学是受时空限制的。第二，在班级教学制"一对多"的构造中，教师作为以学生为中心的服务者，采用面授的单一教学模式。教师最主要的是知识来源，学生是知识的被动接受者，教师在教学中占有主体地位。人际关系是基于时间限定和空间限定而形成的教学互动关系。

综上，班级这个教育的组织化团体，具有社会性和团体性的本质；它是由时间、空间和人际构造形成的稳定的教学组织形式，有保障教育代际传递的能力，亦以此提高教育代际传递的有效性。

(二) 教育人际的选择

1. 教育人际的互动性

在一定社会背景与具体情境下，人与人之间发生的各种形式、各种性质、各种程度的相互作用和影响构成互动。[①] 作为特殊的人际互动教育实际上是在师生间发生的各种作用和影响。师生互动是一个包含互动主体、互动目的、互动过程、互动结果等要素的动态和静态相结合的系统。[②] 即教育活动中的人际互动，涉及师生的互动与生生的互动两方面。

教育活动中的人际互动一方面具有社会人际交互的共性，也因其特殊属性而与社会人际交互相区别。师生之间、生生之间的

---

① 叶子，庞丽娟. 师生互动的本质与特征 [J]. 教育研究，2001 (04)：30 – 34.
② 孟万金. 协作互动：资源整合的教育力量 [M]. 上海：华东师范大学出版社，2004：1.

互动统一为教育的师生互动。师生互动是指在师生之间发生的各种形式、各种性质程度的相互作用和影响。[①] 生生互动则是在老师的启发引导下，学生相互提问、对答、讨论的教学互动形式。[②] 一则，两者的实质都是主体与客体之间的交流活动，是主体与客体之间的沟通。二则，师生之间的交互又是在具体的教学活动中，人际相互作用所构成的一种情境。师生交互所产生的人际作用和影响，是师生双方以其自我概念理解对方的一种相互交流与沟通的方式，区别于社会人际互动。由此，班级是师生互动发生的特殊情境，师生的互相交流、对话等教育行为促进或抑制教育活动的完成。并且，在班级教学组织形式中，还并存各种各样的师生互动形式。例如，互动的主体即教师和学生，均不是独立地出现在活动中，而是共同参与在互动活动中，即师组互动和师班互动。班级是承载和体现师生互动发生的人际互动的组织框架。

2. 教育人际的规范性

教育人际的规范特点体现在教育性中。教育性是师生互动的核心价值所在。学校教育以培养人的发展为目的，这是学校教育的价值，师生互动服从于这个价值选择。师生互动的目的、内容，以及互动发生的途径、情景，都体现着教育性的特征。由于教育性是师生交往的核心追求，所以师生间的交往是有组织性的、有目的性的、有意识的教育行为。为了保障教育性，师生的交互行为发生于班级组织的情境中，并遵循相应的教育规范。因此，规范性是教育活动中师生交互性的基本保障。

---

① 郭德辉，刘文翠，艾美华. 高等教育改革实践与探索［M］. 乌鲁木齐：新疆人民出版社，2007：336.

② 黄瑞新，赵婷，贾莉娜. 思想政治理论课实践教程［M］. 成都：电子科技大学出版社，2017：289.

另外，教育人际的规范性还反映在交互行为的连续性方面。师生教学活动以教师与学生的角色内涵明了为前提，互动中的师生都基于对方的行为作出其自身的反应。一则，教师与学生都能够根据自身所处的角色，或是教学扮演的身份去认定教育活动中角色内涵的预期，从而调整参与教育活动的行为适切性。二则，这种行为在满足自身的同时需要判断对方的教育需要，引导或者随同对方达到教育活动的预期，由此构成师生的交互影响。这种双方的交互判断与适从行为过程是在具体的教学活动中完成的连续过程，由班级作为行为反应的载体。

教育人际的规范性表现为师生互动的多向联系。例如，在现实的班级教学活动中，教师与学生、教师与教师、学生与学生之间都存在互动关系。每一个体的发展都依赖于除己之外的个体的作用，即在师生交互中每个主体彼此互动，彼此成就。并且交互影响并非间断的，而是连续的、动态的。换言之，教育互动中的师生双方相互影响，对其以后的互动产生影响，从而表现为一个既交互又连续的动态过程。①

3. 教育人际的复杂性

教育人际的复杂性主要表现为师生之间的互动，不仅限于班级教学中的师生之间，而且还对班级教育系统中的他人及其互动产生影响。这种互动不仅是师生双方产生教育联系，而且会使其他教师、学生，甚至是家长之间产生相互作用和影响。这种复杂的互动是系统的，符合教育人际的选择。如生生互动、师师互动、亲子互动等。并且，其互动所构成的系统并非是师生双方交往或各自个性、特征的简单相加。而是因多方面影响的、包含多种成

① 宗树兴. 论师生互动的基本内涵 [J]. 当代教育科学, 2013 (23)：63 – 64.

分在内的综合的教育人际系统架构。师生双方以往的交往经验、相互间的认识、对交往关系的期待以及互动过程中双方不同的反应，甚至外界的评价、对互动双方行为的反应等，都会影响到师生互动，进而影响到教育互动效果。

同时，教育人际的复杂系统是组织化的。因为师生在教育活动中的互动，伴随或者一开始就带有明确的目的性，其内容与预期目标都受固有的教育性所组织，是为完成特定教育任务而有目的、有意识地开展的。例如，班级教学组织形式就反映集体教育活动中的师生互动，即是一种组织化的师生互动行为。不可否认的是，在充满教育性的学校教育活动中，师生之间也存在着大量非组织化的互动行为。例如，师生在班级教学、一对多的集体教学之余的日常个别接触，或是一对一的教学辅导等，其对话、交流、辅导等行为是非组织化的。这种师生交互行为并不影响班级教学组织形式中的师生交互行为，还能为师生间辅以更充分、更有效地交互作用。例如，为老师对学生的情感影响、人格熏陶等方面提供有益的时机和空间。

人类在教育的人际交往空间中塑造和完善人性。教育过程中的人性也包括人的自然性和人的社会性。人在团体中的自然性与社会发展产生联系。人类个体在团体生活中实现人性并影响团体生活。本章从对班级观念的溯源开始，从历史角度回答了如下两个问题：第一，班级观念为什么萌芽于古罗马；第二，为什么这种观念具有教育普适性。罗马家庭的团体生活影响人的道德，教会的团契生活奠基教学的秩序，邦国共同体反应教育的共生性。由此，教育活动本身要求团体性。古希腊以邦国共同体的形式实现对公民德行的教育。公民个体的德行是邦国正义的组成部分，而邦国是个体德行教化的根本。因而，教育产生于团体。

教育使得学习者组织起来，结成团体。班级是教育的团体组织化形式，兼具社会性和团体性。班级是承载教育活动的载体，其中既反映着施教者与被教者的社会生活，也涉及两者之间的社会关系。参与班级活动中的个体彼此之间相互影响、相互作用，因共同的教育目的保持持续的教学行为，在共同价值、规范的约束之下进行教育活动。因而，班级是教育的共同体。

另外，从罗马出现横向与纵向结合的教学划分方式到现代班级中的组织系统划分和教学内容划分，划分的逻辑都贯穿在"班级"中。班级从空间构造、时间构造、人际构造几方面都体现教育的组织形态，形成了稳定的教学组织形式；班级中教育人际的交互规范、连续、系统，同样作用于班级，使得其具有保障教育代际传递的能力，以此提高教育代际传递的有效性。因此，班级本身建构了一种团体生活形式，能承载教育的团体生活。技术使得教育的时空架构——班级有效运行。所以，教育蕴含的时空性质决定了班级观念的发生。

第三章 技术支持的班级组织形态变迁

本章从技术哲学、技术史与教育史 3 个角度出发，解析技术对班级组织形式的历时态影响。技术哲学家汤德尔将技术发展划分为工具时期、机器时期和自动装置时期 3 个历史阶段。① 本章从"变"的角度观察和阐释技术与班级组织形式之间的互动原因、互动关系、互动效应、互动模式。

一、工具时期的技术与班级组织形式的关联

因社会生产劳动和日常交往的需要，工具时期的技术应用以直观的物化形态的技术应用为主。其经由口头语言、实物、文字书籍向直观类型的技术发展，承载并传递教育信息。早期的教育以一位教师教授一名学生的方式进行，学生在家学习或者教师小范围的教授都是"一对一"的教学组织形式。而随着学校的出现，特别是欧洲新式学校的诞生，班级组织形式被逐渐采用。课程设置增多，授课时间和地点相对稳定，学生人数构成一定规模，自然

① 姜振寰．技术史理论与传统工艺：技术史论坛［M］．北京：中国科学技术出版社，2012：29.

要求采用可以重复使用的技术。因此，直观的技术不但为班级组织形式提供了重要的教学条件，而且为技术教育应用奠定了理论和实践的基础。

（一）工具时期的教育需求

伴随人类社会的产生，教育现象开始出现，随之也便有了对教育的需求。不同社会时期的教育需求和教育表现形式各不相同。工具时期可具体化为以经验为基础的真实材料阶段，对应的是农业经济时代。人类以手工技术为基础制造工具，以土地作为生产资源。一方面生产劳动使得人类得以生存，另一方面生产劳动的成果也形成社会发展的基础。由于人的生存、社会生产的持续及发展要依靠人类的经验和进步，也就使人在劳动中产生了对教育的需求。人类在主要依靠本能与环境相适应的同时通过劳动改造自然，将个体的经验以"类"存在的方式保留与传递，产生了类教育的需要。① 所以，生产劳动是教育产生的直接必要条件；也是包括教育在内的，社会一切活动的基础。

人类处于工具时期的社会活动几乎都是依靠使用手工工具进行的，如石器技术、取火用火技术、制陶技术、狩猎技术、农耕畜牧以及金属的制造和使用技术，等等。纵览技术史，工具技术的发展使得以农业生产为主、手工业生产为辅的社会生产力水平有了较大的提高，进一步促进了人类对教育的需求。较早的工具时期的教育中，专门的教育内容和专门的教学活动都与现实的生产劳动密切相关。例如，共和早期的罗马教育的主要目标是培养既能从事农业生产劳动，又会打仗的农民兼军人。《易·系辞》记载，"神农氏制耒耜，教民农作"；《孟子·滕文公上》记载，"后

---

① 张旸. 教育需要论［M］. 北京：教育科学出版社，2011：141－142.

稷教民稼穑，树艺五谷，五谷熟而民人育"；《韩非子》记载，"燧人教民，以火以渔"，都说明教育的基本内容是传授稼穑、制作农具、渔猎等有关生产劳动方面的知识和经验。[①]

但是，生产劳动并非工具时期产生教育的唯一条件。一则，除生产形成的"类"经验外，人类也积累着生活经验，其也需要通过教育实现传递。通过教育传递的生活经验内容，并非全都是制造工具和使用工具求得发展的方式方法。人类个体的学习或者对其的初始教育是在日常生活中发生的。二则，假设个体的幼儿从父辈处得到传递的经验、知识、技能等，虽然其最终目标是为了适应生存需要的物质生产劳动，从宏观层面上促进了社会生产劳动的延续发展，但这种通过教育传递经验、知识技能的直接目的也作用于个体的身心发展，从微观层面上促使人类个体趋于社会化与文明化。

由此可知，这种通过教育传递生活经验的方式既是作为人类整体的生存、延续和发展的需要，也是作为个体的成员的存在和发展的需要。因此，工具时期的教育源于社会活动的需要。既包括社会生产劳动的需要，也包括日常生活和交往的需要。

（二）技术对班级组织的影响

1. 从"口耳相传"到"直观类型"

以实物为主的直观技术的教育应用，在中国古代从出现私塾开始。到东汉发明造纸术，宋代发明活字印刷术后，直观技术成为教育应用的主要方面。另外，由于社会生产力低下，劳动工具简陋，该时期的教育以用口头语言进行为主，偶尔使用简单泥制模型、玩偶和象牙磨成的数数工具，这是工具时期的前半阶段直

---

① 田景正. 学前教育史 [M]. 长沙：湖南大学出版社，2015：6.

观技术在教育中的应用。由于社会发展和科学技术水平的限制，人类不可能创造发明真正的认知技术。教师只能直接通过自身的感觉器官，如视觉、听觉等，获取学生和教学环境的信息。从而，进一步通过自身的思维器官对信息进行处理，提炼知识，达到认知。因此，该阶段由教师本身主导操作认知，完全属于人工"口耳相传"的过程。同样，该时期的人类更不可能创造出有动力和有智能的性质的技术，只能通过教师自身的思维器官制订教学策略。①

本书讨论的工具时期有效的教育活动是围绕教师、学生、技术三者展开的。其中对教师的要求，一方面是教师必须设法得到有关学生及其环境的信息，以便有针对性地形成教育的意图和实施正确的教育策略，从而有效地达到教育活动的预期目的。因此，教育活动中的技术应当包括两种类型：一类是认知性质的技术，另一类是行事性质的技术。认知性质的技术主要是指个体理解自身，认识特定文化的知识和规则，以及对此作出合乎逻辑的推论的能力。② 认知性质的技术帮助教师获得学生及其环境的信息，并把它们加工提炼成为知识，达到对劳动对象及其环境的认知。行事技术主要改善教育活动的环境和条件。行事技术是在教师认知的基础上，针对实际问题和目标，制订正确的教育策略，并实施这个策略来解决问题。如图3－1所示。

但是随着技术的发展，直观技术的教育应用逐渐负担了人力认知技术中的一部分作用，出现了模型、图片等比较先进的产物。虽然直观技术已在教育中应用，但直接作用学生的仍是教师这一

---

① 陈佑清. 教学论新编 [M]. 北京：人民教育出版社，2011：506.
② [英] 多亚尔，高夫. 人的需要理论 [M]. 汪淳波，译. 北京：商务印书馆，2008：229－230.

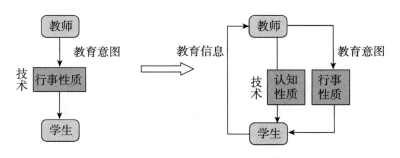

图 3 - 1　工具时期的教育活动模型

主要影响要素。因此，该阶段技术并没有对集体教学产生较大影响，仍然采用的是个性化的"一对一"的面授教学方式。教育使用的书本、粉笔、黑板、图片、模型等直观技术是较为简单和原始的技术。同样，技术的教育应用及发展还表现出累积性的特征。这也使得技术本身的内容，随着时间推移越来越丰富。[①] 对一种技术的教育应用并不只局限于时代划分的阶段之内，并非是后一阶段的技术体系对前一阶段的技术体系的简单代替。当一种技术已在教育教学中投入使用，若此技术还未成为该阶段教育应用的主导技术，那么这一技术就不会成为这个时代的技术应用或者作用教育的标志，但不代表这个时段教育教学中不会使用这种技术。例如：17 世纪夸美纽斯正式提出直观性原则，倡导教学工作应适应自然秩序，确立直观技术的教学应用，但书本、笔、图片、模型等直观技术在工具时期已有少量的使用。[②] 又如，我国早在战国、秦、汉时期，以《九章算术》为代表教授算术，以一种削制竹签运算记数。因此，工具时期早期完全属于人工"口耳相传"方式的教育，而随着不同种类的直观技术在教育中逐渐广泛应用，工具时期后期教育中开始使用

① 　何克抗，李文光. 教育技术学 ［M］. 北京：北京师范大学出版社，2009：40.

② 　冉新义，刘冰. 现代教育技术 ［M］. 厦门：厦门大学出版社，2012：6 - 7.

直观技术。① 这种以实物为主的、依靠视觉器官传递信息的技术，为提高教学效果提供了一定的物质条件。

2. 由"点对点"至"点对面"

教学组织形式是指教学活动中师生相互作用的结构形式。② 工具时期的教育活动主要采取个别教授的方式进行。教师直接面对学生，逐一向其传授有关的生活、社会经验和生产知识技能。学校产生后因教育权的垄断，能得到教育的仍为极少数人，"一对一"或"一对几"的个别教授方式依然是主要的教学组织形式。如古希腊、古罗马时代的各类学校，甚至是中世纪的教会学校，均采取个别教学的组织形式。我国商、周至隋唐时期的各级官学和私学，也使用"师徒相授"的"一对一"或"点对点"的形式教学。工具时期后期对以班级为单位的教学组织形式已有探索，如巴黎大学的班级布局，蒙太古学院章程中精确而清晰的班级划分等。特别是自欧洲文艺复兴起，资本主义生产和文化科技的发展要求扩大教育规模，增加教育内容和加快教学速度。以班级为单位的教学组织形式正式应用于15世纪德国的纽伦堡和萨克森选帝侯国的人文主义学校③。夸美纽斯对班级形式更是进行了全面的分析、比较和总结，对班级教学的学制、班级划分、教材安排和课时分配进行了具体阐述。因此，总的来看，工具时期不具备推广班级组织形式的历史条件和技术条件。但也有将直观技术应用于学校教育的应用探索，虽然普及得极其缓慢，但也为该时期的教学组织形式从个别到集体起到了技术支持。

教育活动需要经由具体的组织形式来落实，且一定的教学组

① 刘济昌. 教具理论研究导论 [M]. 北京：教育科学出版社，2011：10.
② 肖文娥. 小学教学论 [M]. 北京：高等教育出版社，1997：153.
③ 佐藤正夫. 教学原理 [M]. 钟启泉，译，北京：教育科学出版社，2001：369–370.

织形式是一定历史条件的产物。工具时期的教育进行了"一对多"的教学组织形式的探索。后期，一对多的教学组织形式被逐渐采用，资本主义工商业发展要求扩大教育对象，增加教学内容，缩短教学期限；而旧有的个别教学组织形式难以满足社会发展的新需求。另外，工具时期发展形成的教学组织形式是由教育者与受教育者两种角色构成的体系。可以将其简单地解释为进行教育活动的主体——教育者即教师，教育活动的客体——受教育者即学生。没有教师，就失去了教育活动的前提和动力；没有学生，教育活动就变成了空中楼阁，无的放矢。最初教师与学生之间的形成的是"点对点"的口传面授的教学。当教学组织形式发展为教师以一人面向多位学生的"点对面"的教学时，教师教授的对象增加，学生对象构成的团体组织容量也随之扩大，如图 3-2 所示。直观技术的教育应用帮助教学组织形式得以实现"一对多"组织形式的教与学，也由此使其在教育教学中开始被广泛接受。由此，直观技术的教育应用引起了教学组织形式的重人变革，技术大大

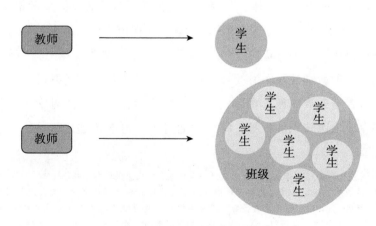

图 3-2　工具时期教育关系的变化

拓展了知识传播的范围，提高了知识传播的效率，降低了知识传播的难度。其改变了自古以来的个别教学组织形式，大大提高了教育效率，为进一步适应扩大教育规模和普及初等教育的班级组织形式的教学奠定了基础。

探讨技术对班级组织形式的作用效果，也有必要对班级教学本身和其中蕴含的技术性进行考察。班级教学的概念，始于班级教学制的出现。1632 年，教育家夸美纽斯在《大教学论》中首次对此作出了系统论述，① 夸美纽斯从文艺复兴时期的价值观和信仰汲取灵感，并以明确的教学目的对其进行挖掘。其关注正义的理想，普遍的和平以及社会、政治和知识的改革。因而，班级教学理论受哲学和宗教所滋养，又通过教育实践改善人类状况。班级教学实践的目的在于，以"自然"观为起点贯穿教育始终。夸美纽斯所建立的班级组织形式的教学，试图按照科学的原则制定教学方法，以"从事物的自然本性吸取原则"② 为自己的教学思想。③ 第一，"教得好"的教学效益作为教育的前提。采取将一切事物交给所有人的原则，针对所有人的普适性，强调效益的教学。第二，"教得快"的教学效率作为教育的保障。参与教学的师与生能够快速达到教的既定教育目标，强调教学的效率。第三，"教得彻底"的教学效果作为教育的目标。在"教得快"的基础上，让学习者完全吸收教学内容，将所教知识内化于人；同时学习者能够完成表达知识的任务，将所学通过思考再次传递出来。这一系

---

① 《大教学论》中建立了贯穿班级组织形式观念的班级教学制思想。

② 按照夸美纽斯在《大教学论》中的观点，教育是遵循"从事物的自然本性吸取原则"，其中包含着"教得好""教得快""教得彻底"这三个最主要的问题。笔者结合这三点问题，进一步阐释其对教学效益、教学效率、教学效果的影响。

③ J. A. Comenii. Opera Didactica Omnia ［M］. Latin Text. Cunradus，Amsterdami：Impensis D. Laurentii de Geer，1657：7.

列渗透着技术性的目的的实践，是完成技术对人种性的改造与优化，也是在强调班级组织形式的教学效果。

（三）教师为主导的垂直联系

直观技术在工具时期的教育应用与发展，一方面提高了当时的教学效果，另一方面也为班级组织形式的萌生提供了物质技术条件和实践基础。直观的教学内容与工具，对于师生都是有益的。对于教师而言，要将一切教授内容直观、简明地放到学生跟前，从观感方面加深学生的印象。① 因为这样的直观教学，在于教师不是要教自己所知道的，更重要的是要激发学生去领会知识内容。这一点对于学生而言，即从直接观察的事物出发，从日常生活熟悉的事物出发去感知、记忆，再运用理解，最后判断，将新知识认识并掌握牢固。② 科学的真实性与准确性主要依赖感官的证明。对事物的印象直接反应给感官，感官处获取的知识，直接有效地被人接受和记忆。科学越是依赖感官，科学的可靠性越成比例增多。③ 所以，直观的教学内容可以保证教学容易实施，接受也更加迅速而彻底。夸美纽斯也将感官视为知识的首要来源。

人类自古在传递生产和生活的过程中形成教育，通过代际的积累、传递，形成对经验、知识技能等内容的传承与发展。因此，

---

① 一切看得见的东西都应该放到视觉器官跟前，一切听得见的东西都应该放到听觉器官跟前。气味应该放到嗅觉器官跟前，尝得出和触得着的东西应当分别放到味觉器官和触觉器官跟前。假如一件东西能够同时在几种感官上面留下印象，它便应当和几种感官接触。假如事物的本身不能得到，便可利用它们的代表物范本或模型。

② J. A. Comenii. Opera Didactica Omnia［M］. Latin Text. Cunradus, Amsterdami：Impensis D. Laurentii de Geer, 1657：82.

③ J. A. Comenii. Opera Didactica Omnia［M］. Latin Text. Cunradus, Amsterdami：Impensis D. Laurentii de Geer, 1657：115. 夸美纽斯将科学与感官之间的关系进行分析，认为其成正比关系。

教育的作用在于扩展人类的能力，提高教学效率。工具时期的教育活动主要由形成教育策略的教师人工完成，后期辅以直观技术。那么，可以推测技术教育应用必然具有超越教师的某方面教育能力的地方。从这个意义上可以判断，教育活动结构中被技术化的内容越多、越普遍、越系统，教育的效率就越高。技术教育应用提高教育效率的原因也在于：节省了教育所需要的时间；节省了教育过程中所耗费的材料；节约了"一对一"教学的重复同一操作，工作速度加快。即技术教育应用对人的影响如下：反映在教育目标上，就是如何把人的培养向智化认知方面发展；反映在教育内容上，就是个体的经验、知识、信念依靠技术得到有控制的传递；反映在教学组织方式上，就是技术支持"一对多"的直观示范。

另外，从前文对工具时代的教育活动的分析可以发现，该时期技术虽然已在教育中使用并产生了积极作用，但是该时期的技术化程度仍旧有局限，教育的发展水平还相当低下。同时，因为教师是教育活动的主导力量，整个教育活动的内容和方向以及技术的教育应用由教师的教学需求和能力所决定。对学生的影响程度，由教师水平和使用的教育工具共同决定。因而，工具时期技术与教学组织形式并未有相互作用的巨大影响，而是出现了以教师为主导的勾连关系。形成了以教师为中心，直观技术与教学组织形式的关联互动。这三者在教育活动的结构中所起的作用各不相同。教师是主导性的要素，作为主心骨，其在教育活动的过程中，促进技术教育应用逐渐得以发展。教师习惯于利用技术工具把自己的教育意图作用于学生，从而展开教育的具体过程，在此过程中展现该时段技术的性质、状况和发展进程。教师、学生、技术、教学组织形式组成教育的最基本结构，如图 3-3 所示。第

一，技术教育应用水平和教学组织形式均处于初级阶段。第二，
教育的主要任务是在维持人类生存最低需求的生产活动，教师主
要还是以口传心授的方式与学生交流。第三，教师是教育活动中
的主导环节，一旦教师停止工作，教育也就停止了。在这样的教
育状况下，技术教育应用相当简单甚至根本没有。综上，教师在
技术与教学组织形式的勾连中充当三类角色，一是教育过程中技
术教育应用的"操纵者"，二是教学活动的全部"智慧者"，三是
教学组织形式形成和系统确立的"助推者"。

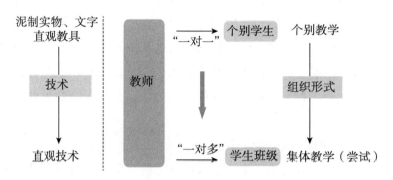

图 3 - 3　工具时期以教师为中心的勾连关系

二、机器时期技术与班级组织形式的协同

工具时期教学尝试的班级组织形式，在机器时期得以良好的
发展。本部分旨在分析在这种良好境遇下，班级组织形式发展的
原因、作用、影响及其与技术的互动关系、互动效应。机器时期
可划分为两个阶段：第一个阶段是蒸汽工业时代；第二个阶段是
电气工业时代。这两个时代对教育提出了不同的要求。蒸汽工业
时代对教育提出的要求是规模化与标准化，技术与班级的互动体
现为视觉类型的技术对班级组织形式的支撑。电气工业时代对教

育提出的新要求是职业化与科学化，技术与班级的互动体现为视听类型的技术对班级组织形式的支撑。

（一）机器时期的教育需求

从历史的角度观察，机器时期大体包含两个阶段。第一个阶段是从珍妮纺纱机出现，至瓦特制成的改良型蒸汽机投入使用的机器生产时期。这期间，一方面，原有的动力如畜力、水力和风力等已无法满足生产需要，需要机器为其提供更加便利的动力。另一方面，机器生产逐渐解放手工操作，也由此出现工厂这种新型生产组织形式。第二个阶段是以电力的广泛应用、内燃机和新交通工具的创制、新通信手段的发明为标志。这些动力工具稳定且耐久，逐渐被广泛使用。机器取代了人类在生产中的角色，使得工业生产成为人类社会主导的生产方式，也由此影响到社会的教育需求。

1. 面向蒸汽化工业的教育

教育需要对大规模生产形式加以适应。经过工具时期的长时间努力，生产工具得以更大的丰富，社会生产水平随之提高。人类依赖的生产生活工具与物资已经能够满足日常生活的需求，因此人类开始关注更多样的物质生活资料和精神生活资料。工具时期人类的需求多数只停留在简单有效的生存上，因而多是对生活材料的改造。而机器时期为了实现人类生存能力的扩展，在材料改造的基础上深入研究和掌握各种能量资源的性质。在此基础上充分利用外部世界蕴藏的各种巨大而丰富的能量资源，把它们有效地转换成为易于操纵、控制和驾驭的强大动力，纳入生产工具体系之中，用以代替人类操作，从而实现人类能力的扩展。虽然人类自古就有利用自然界能量资源来扩展自身能力的需要，在利用物质资源提炼各种材料方面也取得了一些进步；但是在整个工具时期对于能量资源的利用一直处于比较低下的水平。

机器时期用机器的分工代替工人的劳动分工，用机械设备替代人的劳动，原材料的获取和加工技术得到改进。工具的发明和运用是对巨大的廉价动力的需求的满足。因此，机器时期人类逐渐认识到不同的能量的优值等级，[①] 并以此为关注焦点，将高等级能量转换为易于驾驭和控制的动力，使得整个社会经济结构发生了变化。从经济利益的角度看，机器时期更需要的是能增加利润的生产。因此，需要集中劳动力生产，并且需要劳动者掌握一定的科学知识和技术。如果劳动者没有一定的知识和文化，不能使用和维修机器，就不能为资产阶级生产剩余价值，资本主义制度本身也就无法存在了。所以，面向蒸汽化工业的教育目的是训练对资产阶级有用的奴仆，既能替资产阶级创造利润，又不会惊扰资产阶级的安宁和悠闲。[②] 因此，所进行的教育活动也是以争取利润为主的集中化教育。

每一时期教育的性质是受该时期主要的生产关系所制约的，生产决定教育，而教育又反作用于生产。但究其根本，机器时期第一阶段教育性质的决定因素不仅停留在对生产关系的反映上，而且主要表现为对大规模生产的需要。学校教育只有在服从机器时期人类生产需要的基础上，才能不断促进生产的发展。即学校教育应关注现实需要，培养适应社会生产需要的人才。在蒸汽化工业生产的推动下，教育回归社会的本性。技术带来了工厂生产制度，取缔了工具时期的家庭手工业和工场手工业生产。原有的

---

① 钟义信. 信息化理论基础 科学—技术—经济—社会互动说 [M]. 北京：北京邮电大学出版社，2014：42. 不同的能量具有不同的优值等级。其中，热能的等级最低，其次是机械能、化学能、电能、核能等。
② 列宁. 列宁全集（第2卷）[M]. 中央编译局，译. 北京：人民出版社，1959：405.

师徒组织形式的教学、学徒形式的教学崩溃了。教育也同于工厂生产，以技术支撑的大规模的群体化的教学形式呈现。

蒸汽化的工业生产对劳动者的要求在于数量和程度两方面。因此，大多数国家提出以普及义务教育的方式适应社会及生产的要求。劳动者受到标准化的初等教育后得以创造更多的劳动剩余价值，满足资本教育的本质特征。在受教育不足的工具时期，社会不可能实行大规模的掌握机器操作的生产，而普及义务教育带来大众的、免费的、强迫的初等教育。这种普及教育的要求在工具时期就由夸美纽斯积极提倡。初等教育应适合全体适龄入学儿童的需要，主张教学过程应通过事物而不是通过语言说教去学习知识。18 世纪末，法国以此为基础，提出诸多普及教育的方案。为摆脱教会的控制使教育世俗化，法国教育改革家拉沙劳戴于 17 世纪 60 年代曾提出初等教育的方案，涉及公民普及初等义务教育的权利和义务。其中具体规定，在人数为四百居民的村庄内，需设置一所四年制小学，儿童 6 岁入学，10 岁毕业。教学内容为读写算、测量、工业技术等。① 而其他欧洲国家也在不同程度上，先后尝试普及义务教育。这说明，以班级教学为形式的理念是早于社会生产的实际而先行出现的，并在工具时期已于教育实际中小范围的使用。班级组织形式尝试于工具时期，服务于工业社会，适用于工业社会，是以蒸汽生产为标志的教育需求的反映。

视觉类型的技术教育应用的本意和目的是同于直观技术的教育应用的。群体化的教育成为蒸汽化工业时期的重要教育形式。一则，机器的发明使得大规模生产成为可能，生产活动时的协作需要教育模式和思维方式发生改变。由此，班级组织形式大范围

---

① 朱勃. 教育三面向与今日比较教育 [M]. 广州：广东高等教育出版社，1985：3.

地使用在教学中。二则，机器生产的出现是科学技术的进步，同时技术教育应用受科学技术的影响得以革新，从直观技术发展为视觉类型的技术，表现出机械的、光学的教学媒体特征。如摄影、幻灯和无声电影等，主要是向学生提供生动的视觉形象，以其辅助教学活动。直观技术采用图片、实物、模型等作用教育，让学生得到直接的或间接的经验，如看图、参观、展览、演示等。由于科学技术条件的限制，工具时期的直观技术层次较低。而机器时期视觉类型的技术有所进步：一是直观技术的工业化量产；二是直观技术在教育应用中的表现形式更为先进；三是降低教育的抽象化、符号化表达，以尽可能具体、现实的视觉呈现。视觉类型的技术在巩固"一对多"的教学组织形式的同时，更能有效地促进班级的扩大，即使班级规模和容量扩大。因此，技术和教学组织形式都适应了生产、教育的转变。学校教育以班级为单位更具规模效益，其发展也要求技术与教学组织形式更具关联性。

2. 面向电气化工业的教育

机器时期的教育需求变化，主要体现在以电气化为生产标志的第二阶段。第一阶段的教育需求，较之此前的工具时期变化不大。工具时期现实生活对教育的需求，主要是满足于教会人类生存的基本技能。面对以农业为主、自给自足的人类社会生活，技术的发展水平比较落后，技术主要存在于农业中。机器时期第一阶段的系列机器在生产中广泛应用。对于参与社会生活的每一个人类个体，不仅需要懂得机器还要能够正确使用机器。即人类社会的成员都要具备基本的科学技术知识，这也只有依靠教育才能完成。电气化工业的生产需求对教育的要求更高。为了适应分工日益深化的生产的需要，要求进行中等教育的改革。"工艺学校和农业学校是这种变革过程在大工业基础自然发展起来的一个要素；

职业学校是另一个要素，在这种学校里，工人的子女受到一些有关工艺和各种生产工具的实际操作的教育"。电气化大工业生产对劳动力的培育提出了在普通教育的基础上进行职业技术训练的新要求。以德国为例，划分有初级职业、职业进修、中等专业补习和中等专科职业技术等职业教育性质的学校。又如，苏联的职业学校的学制设置为初步职业训练为 1~3 年，中等职业技术培养为 8 年，中等专业学校学制为 4~5 年。①

随着时代的变迁和社会发展的要求，教育不断向科学化方面探索和更新。一则，科学知识的普遍性、客观性使得电气时代社会发展不完善，社会实践条件、实验设备设施缺乏。因此，对科学知识的验证较为浅显。那么，科学知识被信奉为客观的真理，传授这一真理的教师就是传递的媒介。较之于蒸汽时代，电气时代的教育内容则更加系统、完善，更加注重数理知识和艺术知识的结合。该时期的传授内容以规范性知识为主。二则，知识性的真理不会直接生成产品，其需要与技术深度融合。所以，对科学知识应用性的强调，促进其社会适用性的验证，更需要培养学生的实践探索能力。知识在社会适用性的验证过程中，往往有着更大的增值空间。蒸汽时代强调经验传承，电气时代强调创造发明。从而，教学活动就不能停留在固有知识的传播和操作技能的示范上，而是要启发学生敢于突破常规，善于运用科学知识。电气时代，创新创造和科学知识的运用更深刻地融入人们的日常生活，对学生的职业规划不仅是操作平台，更需要探索"将工人从操作台中解放出来"的新型工具。这要求教师崇尚科学知识，探索科学世界。一方面需要教师关注学生个体的个性，另一方面需要教

① 滕大春，吴式颖，韩书玉. 外国近代教育史 [M]. 北京：人民教育出版社，1989：410.

师带领、鼓励学生去发现未知科学的魅力。因此，电气时代的教育，开始对人本身的自由性、个性进行重新思考。

20 世纪 50 年代，因传播理论被引入视听教学中，视听类型的技术支持班级进一步扩大，班级组织形式的教学效果得以明显提高。从传播的角度关注视听教学，从根本上完成对教育效率的提升。即由教师灌输知识，重视媒体使用的狭隘观念转为学生自行探索，自主选用学习工具的教育过程。这不仅仅是对视听教学领域的拓宽，更是对技术教育应用的进一步发展。是视听传播媒体作为技术在班级组织形式中发挥教学作用。一方面，视听传播的理论涵盖并整合了学习理论、传播理论、系统理论的基本概念，代表一种解决教学问题、提高教育效率的新思维。另一方面，教育热情拥抱视听传播技术，既吸纳了视听传播技术的合理部分，又对教育本身的发展产生了积极影响。表现在具体的班级组织形式的教学中，视听类型的技术开始注重学生感官对物的具体化的感受。以此，将教学的抽象内容具象化，有助于学生的理解，也是视听类型的技术发挥的教育作用。技术与班级组织形式的关联和互动也更为系统化、结构化、整体化。

（二）技术与班级组织的协同

技术与班级组织形式在机器时期产生交集。伴随工业的发展，技术有了质的飞跃。新一代社会生产工具的出现和应用，标志着新一代社会生产力的崛起，导致新一代社会生产关系、教育需求的出现，从而也使得技术与班级两者产生新的关联。

1. 和谐化的运行方式

机器时期的技术发展，经历视觉类型的技术到视听类型的技术的完善和升级。而班级组织形式并不是机器时期才出现并广泛使用的教学组织形式，但在这一时期班级组织形式逐渐成熟并得

到改良，大幅度提升了教育效率。技术的教育应用与"班级"的
发展呈现出相互需要的和谐互锁关系。机器时期班级组织形式趋
于稳定，教育活动有效运行。教师能够掌握和使用视觉类型的技
术、视听类型的技术与学生交流，从而形成新的教育活动模式，
如图3-4所示。机器时期与工具时期的教育活动区别明显，但
也有相同的部分。这种明显的区别正是技术教育应用于班级的历
史性进步。机器时期通过运用视觉类型、视听类型的技术，主张
在教育教学中组合运用各种视听材料，把教学中抽象的概念作感
官化的具体呈现，以此提高教学效果。其原因在于，一方面，工
业化生产的发展需要大批有知识、有技能的劳动者，而以语言、
文字、书籍、模型等为主的直观技术越来越不适应社会的需求。
视觉类型的技术在直观技术的基础上，向更高层次发展，为教育
的具象展示提供了解决办法。另一方面，工业的发展推动科学技
术的进步，产生了新的科技成果，为直观技术补充了新的力量。
其中，以电为代表的技术对班级教学产生了深刻的影响，如照相
机、幻灯机和无声电影等新媒体在教学中的应用，向学生提供了

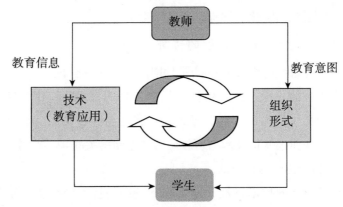

图3-4 机器时期的教育活动模型

生动的视觉形象，不但在规模上使得接受教育的对象增多，更在教学效果上使教育获得了不同以往的飞跃。

视觉类型的技术与直观技术的教育本质、目的是一致的。其区别在于，所使用的媒体种类不同。视觉类型的技术区别于前述的语言、文字、教科书、直观技术等传统的物化技术，是在科学技术条件下产生和发展起来的以器械为主的视觉类型的技术。视听类型的技术因为电力化生产的提高，在声音的感官上增加了内容，进一步从听觉的角度完善了教育的感知性。一方面，技术教育应用的进步直接作用于教育效率的提升，教师通过使用技术将教育信息传递给学生；另一方面又通过教学组织的形式渗透教育的意图。该时代普遍使用的班级组织形式与技术水平支持下的教育能力趋于稳定。这说明技术与组织形式之间具有一定的内蕴关系。在教育效果得到提高的过程中，技术是最活跃的因素，较之于组织形式更容易发生变化。但在技术支撑下，教学组织形式发生了巨大变革。

2. 和谐发展的历史性进步

技术的教育应用在机器时期表现出对教育效率的极大提升。这也是技术与班级组织形式和谐发展的历史性进步。教育的组织形式总是要求与之相适应的技术作为支持，技术的教育应用与发展也必然是教育组织形式的支撑。机械技术的发明，引起了教育应用技术的改变，由此引起了教学组织形式的改变。同时，教学组织形式的集中性，也使革新的成果能够反馈给技术本身，同时传递到师生的教学关系当中去。机器时期的教学组织形式就是建立在工具时期已开始探索的集体教学的基础上，与应用于教育的新技术相结合，形成较为稳固的班级组织形式。这种结合既涉及技术性基础，又涉及师生之间的教学安排方式。前者反映教育组织形式中的技术使用关系，后者体现教育组织的被检验结果。教育活动也正是这种技术关系、人际交往关系、教学组织关系的统一体。

机器时期的技术与班级是和谐的发展体。一则，技术是形成班级组织形式的基础，一定的技术教育应用要求一定的教学组织形式与之协同。并且技术与教学组织形式难以分离，它们是同一时期教育活动的两个要素。作为组织保障的班级组织形式还包含教育的人际构造，即在教育中人与人之间的关系。二则，班级组织形式的教学所实现的教育目的决定技术的使用。在班级组织形式中使用技术是一种技术的教育应用，反映人与技术的关系。通过对技术的吸纳进一步丰富集体组织形式，又反映了人与人之间的交互关系。整个机器时期的技术与班级都呈现出和谐互锁的关系，并且以视听类型的技术实现对班级组织形式的极大支撑。技术提高了班级教学的效率，班级组织形式大量吸纳了技术。这种和谐关系，既扩大了教育的"量"，即义务教育的规模和教育的普及；又提升了教育的"质"，即使教学更具有生动性和形象性。当然这种和谐互动也是教育教学发展到机器时期的必然趋势，它适应了大工业生产的需要，促进了教育民主化的发展。

3. 协同化的孕育构造

以视听媒体为核心的技术，是机器时期视听类型的技术教育应用的标志。反观工具时期技术对教学组织形式的影响，个性化的言传身教组织形式对物化的技术手段需求低，技术与教学组织形式之间亟须相互适应与匹配。而直观技术的作用主要在于促进对班级组织形式的探索。那么，不同的技术往往要求不同的教学组织形式与之相适应。就像是机器对分工起着极大的影响，"劳动的组织和划分视其所拥有的工具各有不同。手推磨所决定的分工不同于蒸汽磨所决定的分工"。^① 由此推及技术对教学组织形式的作用，不同类型的技术需要不同的教学组织形式与之相适应。技术教育应用的种类、状态有差异，教学组织形式也就不同。

机器时期社会生产和科学技术发展，技术应用教育的种类增多、功能添加，为提高教育效率提供了条件。其中，技术的丰富性必然要求教学组织形式与之相适应，并且教学组织形式需要随着技术的发展而演进。例如，黑板作为直观技术的使用，在教学中普遍存在。"三英尺见方的木板，涂上墨水，被挂在适当的地方，班级里的学生，坐在它的前面"，^② 足以证明技术为班级组织形式的稳固提供了重要物质条件，而且为视听类型的技术使用奠定理论和实践基础。随着技术的不断发展，联系着技术教育应用与教学组织形式的师生需求也发生了变化，需要两者之间相互适应与匹配。需要厘清的是，技术教育应用虽然需要与教学组织形式相适应，但两者之间并不是主与次的关系。甚至在机器时期，技术推动教学组织形式的变革，主要也是涉及技术体系内部的新旧技术升级或者低层次技术向高层次技术变革。而不是技术与班级组织形式，孰为主、孰为次的地位关系，二者是一种互动和适应的关系。互动与适应的关系如何，在于该时期教育的需要与选择。

（三）以教师为中心的互锁需求

1. 互锁化的需求关系

机器时期教育活动结构中的教师是熟练地掌握机器使用的主导者，而不再如工具时期那般知识技能水平较为简单低下，教师参与的规范性得到了较大的提升。这一差别决定机器时期的教育

---

① 汤素娥. 习近平新时代劳动观研究 [D]. 长沙：湖南大学. 2019.
② 祝智庭，钟志贤. 现代教育技术促进多元智能发展 [M]. 上海：华东师范大学出版社，2003：62.

发展水平必定超过工具时代。教师使用的技术不再是简单的直观物化工具，而是具有机器性能的物化动力工具，而且，将工具时期的人力劳动量尽可能节省。技术教育应用在以下两方面取得了历史性的进步。第一，直观技术与视觉类型的技术有机地结合成为统一的整体。这两种技术的结合具有进步性，一则扩展了教师的能力，二则丰富了技术应用教育的发展。这说明人类对教育的需求程度已经产生了重要的飞跃。第二，视觉类型的技术在囊括直观技术的基础上更为丰富，以机器动力为标志的工业化程度使得技术教育应用的水平得到提升。也因此，机器时期的班级教学将"班级"这种方式逐渐固定，帮助教师更好地获得学生的教育信息，从而产生更合理的教育意图和策略。一则，教学虽然需要教师为主导的操纵和驾驭，但是不再需要教师有意的人力推动。换言之，教学组织形式的推动力不再纯粹是教师的人力，视觉类型的技术使教育活动更为完善。也由此发现另一个问题，教学仍然没有摆脱对于教师的依赖，只是依赖的程度和内容不同。二则，教师仍然是教育教学过程中不可缺少的环节，教师一旦退出教育活动，教学过程即刻停止。教师虽然较之工具时期获得了更多的解放，但并不彻底。

班级组织形式体现教育活动的结构特征，所涉及和要解决的问题是教师如何把学生组织起来进行教学活动、如何分配教学时间、如何利用教学空间等。教学内容的呈现方式是尽可能地把事物放到感官跟前。例如，以蒸汽机为标志的机器时期，中等学校里就出现蒸汽机模型、唧筒和水泵模型，同时出现了演示力学、热学、声学等原理的相关实验仪器。① 以电力和内燃机为动力的机

---

① 刘济昌. 教具理论研究导论 [M]. 北京：教育科学出版社，2011：7.

器时期，学校教学里出现电动机、发电机、电灯、电车、电话机、电报机、变压器模型和狄赛尔、奥托内燃机模型，以及与电磁学、光学相关的实验仪器。[①] 这些视觉类型的技术充分体现教学的集中化、分科化，推动班级组织形式的发展。在以机器为标志的机器时期的教育活动中，视觉类型的技术担负了教育活动中比较规则且重复的环节。在这种工业化需求的教学组织形式下，视觉类型的技术适应并促进教师开展高速度、快节奏、强规则的教学，教学效果相对应的规格化、标准化。因为需要省力，所以人的重要性更凸显，对机器的使用更密。在此前，技术与教学组织形式的关系是以教师为主导的技术与教学组织形式的垂直关系，而在该时期呈现的是以班级组织形式对技术吸纳为主的互锁关系。

2. 服务于教育的协同

技术与班级组织形式的互锁并不是一种交融，而是协同服务于教育。教育教学中的技术应用、教学组织形式选择的最终目的都与教育的需求相关联。一方面，视听类型的技术出现满足了现实教育对技术的需求，满足分科细化的社会需要。例如，心理学、传播学等学科的形成、发展与视听类型的技术有着十分密切的关系。视听类型的技术与班级组织形式共同服务于教育，提高机器时期的教育效率，促进教育的普及。班级教学容量大，几十个人在同一班级上课；教材是经过精心选择和组织的，传授知识的密度大；因而极大地提高了学校教学工作的效率，促进了教育的普及。视听技术的发展，优化了教育教学过程，提高教学效率，改善教学效果，增强了学生的学习兴趣，开放了学习空间，促使知识跨越时空以生动活泼的形式呈现，普及教育并统一教学质量等。

---

① 邓可. 中学生物实验教学研究 [M]. 北京：中国农业大学出版社，2018：104.

另一方面，班级从系统的角度而言是一种社会组织形式，它通过人际的构造实现教育的互动。班级获取足够的技术，然后在整个教学系统中进行分配，使教师与学生之间以及学生与学生之间成为一个有机联系的整体，维持教育的井然有序。①

视听类型的技术与班级组织形式在机器时期共同服务于教育活动，同时教育活动也影响两者互锁成长。班级组织形式的要素是教师与学生。就教育效率的优化而言，一方面需要师生组合的最优化与时代需求相适应，另一方面使用技术得到的教育优化效果，决定教师选择哪种组织形式进行教学。因此，对于教育效率而言，机器时期的视听技术是班级组织形式的必然支撑。对于教育效益而言，班级组织形式又是技术教育应用的必然需要。所以，如前一节所提出的，技术与班级组织形式在机器时期并不具备谁"决定"谁的关系，而是相互需求的关系。虽然，从教学实践呈现的现象来看，似乎这是一组决定关系，但是容易忽视的是教师这个主导教育活动的组织者。教师的经验作用决定了教师必然会依据时代的教育需求、学生的教学需要，设计或是选择适宜的技术，也选择相适应的教学组织形式应用于教学。

3. 互需互锁的生长

机器时期的教育是在视听类型技术的支撑下，不断进行班级组织形式改造、优化的过程。一方面，机器时期的社会化大工业生产要求机器和工序的标准化，这种标准化要求也必然反映到教育领域中。"为了准备青年进入劳动力市场，教育家设计了标准化的课程、标准化的智力测验，学校升级原则、入学条件、学分计

---

① 特纳. 社会学理论的结构［M］. 吴曲辉，译. 杭州：浙江人民出版社，1987：82－83.

算也都标准化了。"① 提出对班级进行标准化改造的是赫尔巴特与杜威。赫尔巴特主张"秩序"的改造，从社会出发关注社会整体的人与人之间的关系和教学规律、秩序。② 杜威本着教育"自由"的观念，对教学组织形式进行了全新的改造，他重视技术使用对于自由的作用。③ 另一方面，从班级组织形式演进的角度看，基于直观类型、视觉类型、视听类型的技术，对班级组织形式从形成到完成秩序的改进、个性自由的优化的支撑作用也在不断增强，推动着技术教育应用的不断发展。从技术的丰富性、动力化能力以及数量增长角度看，班级组织形式的标准化改造和不同层次的更新，也要求和促成技术应用教育不断进行创新。因此，机器时期视听类型的技术与班级组织形式的互动是互需互锁的成长过程，如图3－5所示。

图3－5　机器时期的技术与班级组织形式关系

① 巩其庄. 创造未来的教育［M］. 沈阳：辽宁教育出版社，1992：43.
② 赫尔巴特以"非自然"为着眼点，重视班级组织形式应对人为"秩序"的侧重；以"德行"为抓手，实现"有序"的教育途径；以"有效性"为目的，重视班级组织形式的教学"秩序"。
③ 约翰·杜威. 民本主义与教育［M］. 邹恩润，译. 北京：商务印书馆，1949：340－345. 杜威对教学组织形式进行了全新的改造。一方面，其反对班级教学制中的某些强制性内容，认为学生思想受到束缚，只能被动地接受知识；主张开展室外活动，设置活动教室，让儿童多接触自然，多接触社会，如芝加哥实验学校的教学。另一方面，重视技术使用对于自由的作用。以芝加哥实验学校的具体教学组织形式情况为例，学校根据实验任务配备不同支持学习的工具，不分班级而把学生分为各个小组，以实验为主题进行教学。

与机器时期相比较，工具时期以教师为中心的技术与班级组织形式的互动，孕育着能促进教育效率、提高教育质量的更为进步的技术和教学方法，为新的社会时期的教育提供准备。同时，工具时期的教学组织形式和技术在新的时期并未完全被摒弃，只是不能提供满足新一阶段的教育所需的规模和质量，但也为机器时期班级组织形式和技术的互动提供了夯实的基础。伴随技术的自觉进步，部分在过去使用的技术得到了升级或产生了新兴的技术，应用在教学组织形式中更为合理和适用，也因此形成新的互动关系。新的互动方式是在旧有的互动方式的基础上，随着社会生产力进步引起的教育新需求。因新需求采用新的技术、新的教学组织形式，适应在更合理的师生交互关系中，以保障教育的有效性和有效率。严格地说，机器时期的这种技术与班级的互需互锁的方式，并不是由工具时期的勾连关系突飞猛进改变的，而是两者在教育的过程中逐日发展，更新形成的。班级组织形式在不断发展和吸纳，从对"秩序"方面的关注到进一步优化教育规模的标准化，从对"自由"的重组深入到探究在班级框架下"因材施教"的可能性。技术也在不断发展，机器时期的技术囊括工具时期的内容，同时在视听类型的技术方面有所突破，以支持班级组织形式。由此，可以得到从工具时期向机器时期演进下的技术与班级组织形式的互动模型，如图3－6所示。

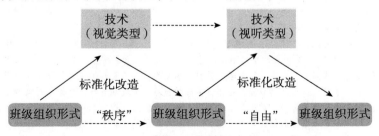

图3－6 机器时期技术与班级组织形式互动模型

三、自动装置时期技术与班级组织形式的共构

自动装置时期需要进一步取消人的干预，使机器自动化程度再提高。信息技术的广泛应用使班级组织形式发生变化，二者之间呈现缠绕且异速的新关系。信息技术是对信息的采集、加工、存储、交流、应用的手段和方法的体系。其主要以微电子技术、计算机技术和通信技术为基础，以信息处理为核心。[①]

（一）现代技术观的交融

现代技术主要是信息技术，[②] 对现代技术的理解，一方面可以视为技术史对某一时间段内的技术分期；或是在固定时期内，一种"现代性"存在的技术的基本方式。自动装置时期，机器应用控制调节的控制论原理，经由人工所设定的程序进行控制和运行。现代技术的观念存在于自动装置时期这个时代背景之中。每一分期时代的主导技术，不仅是因为其具有技术的重要性，而在于其具有时代的导向性。当然，技术的发展并非是孤立的，围绕着主导技术所形成的技术群，代表着这一时代技术性的特征和时代控制性的特征。当人类创造和改善生存条件的生产技术发展到自动化生产体系时，相对应的人类进入现代技术时代。

另一方面，一个技术体系的确立是在一定历史时期中，技术的进化达到相对稳定的状态，一种新的综合体系从以往积累成果，一系列相互依赖的关系形成结构化趋势，技术和同时期特有的其

①　罗文浪，戴贞明，邹荣．现代教育技术［M］．北京：北京理工大学出版社，2015：2-3．物化的信息技术，包括硬件，如多媒体技术和多媒体教学系统、人工智能和智能教学系统、网络技术和网络教学系统、虚拟现实技术和虚拟现实教学系统等及其与硬件配套的教学软件。同时，信息技术也包括潜件，即各种观念、方法、理论体系等。本书主要观察物化的信息技术在班级教学中的应用。

②　乌家培．经济 信息 信息化［M］．沈阳：东北财经大学出版社，1996：111．

他领域的关系都相对稳定化。[①] 当生产技术发展到自动化生产体系的稳定状态时期，由具有主导技术的电力技术群，再一次能源转化。因此，以电子计算机为核心的信息控制技术向一切生产、生活和社会领域渗透，以实现其最优化和综合自动化。[②] 这种技术的主导性和控制性从根本上改变了传统生产、生活和管理的原有状态，开启了信息控制，即社会生产、生活和管理的自动化。由此，现代技术观主要反映在呈现出控制技术革新的时代。

（二）信息技术对班级的支持

与机器时期使用视听类型的技术相比，自动装置时期的信息技术以多媒体计算机和互联网为核心。技术教育应用进一步重视人的需求多样化，关心技术在教育中的交互性作用。[③] 班级组织形式已从围绕教师为中心的单一的粉笔加黑板发展到以多媒体计算机和网络为核心的信息展示环境。用信息技术营造了一种信息化的教学环境，达到了既能发挥教师主导作用，又能充分体现学生主体地位的效果。信息技术以工具的形式融入班级，成为教师的教学工具、学生的认知工具、重要的教材形态和主要的教学媒体。

进入新千年之后，信息技术呈现出全方位、立体式地提高教学效果的态势。信息技术更为直接、全面地作用于教学各个环节，不再如此前各时期那样，技术只发挥辅助作用。[④] 特别是当下，信息技术进一步呈现出数字化、网络化、多媒体化、智能化的特点。

---

① ［法］贝尔纳·斯蒂格勒. 技术与时间：爱比米修斯的过失 ［M］. 裴程，译. 北京：译林出版社，2000：34.
② 姜振寰. 技术通史 ［M］. 北京：中国社会科学出版社，2017：11.
③ 何克抗. 现代教育技术与创新人才培养（下）［J］. 电化教育研究，2000（7）：17 - 21.
④ 刘美凤. 改革开放 40 年中国教育学科新发展：教育技术学卷 ［M］. 北京：高等教育出版社，2019：37.

2019年石家庄市第44中学和灵寿县南宅乡中学通过开展"远程互动",利用"双师课堂"让优质课程在两校出现实时同步、面对面授课的教学实景。这是技术教育应用的进一步开放和自主呈现。作为有效的教育工具,信息技术所围绕的媒体技术本身也上升到新的发展阶段,即促进了社会以及教育的信息化进程。支撑这种灵活教育内容的是没有时空限制的"赛博空间",经由计算机网络实现的时空,并且以此为基础建立了虚拟教育系统,如虚拟教室、虚拟图书馆、虚拟实验室、虚拟校园、虚拟大学等新技术的产物。

尤其是虚拟现实技术,将难以触及的现象带到教育中来。例如,在传统的多媒体化的教学中,教师可利用PPT或其他多媒体工具,展示教学内容。在当前,教育局域网将各个班级连为一体,教师的教学信息传播范围扩大,实现了对学生的学习动态联机监测。以班集体为单位的教学与个性化的个别辅导或者小组讨论能够共融在班级组织形式中。信息化教育是以数字化技术为基础的教育,其意义在丁教育信息存储更为简易,教育内容传输可靠灵活。在2020年春季新冠肺炎疫情暴发期间,各地学校更是利用信息技术完成了对班级教学远程可视化的探索。

（三）缠绕与异速的互动境况

信息技术和班级组织形式作为两个不同的范畴,共同作用于教学活动。自动装置时期二者相互缠绕,又异速发展,共同为促进教育发展服务。随着科学技术和社会的进步,信息技术和班级组织形式的发展进程加快,尤其是信息技术快速渗透进教育中。

1. 共向缠绕与相互促进

同时发展的信息技术与班级组织形式,在概念、含义、目的等方面差别甚大。信息技术在该时期仍然秉承辅助学校完成改进教学、提高教学效果的目标,而班级组织形式也接受信息技术的支持，有计划、有规模地推进集体教学。信息技术教育应用的主要目的在于优化班级组织形式的教学，班级组织形式的目的在于以有效的规律揭示、控制、安排教学。两者之间目标一致，保持此前一直存在的互动关联。

信息技术与班级组织形式的发展是共向的，两者同时促进教育的发展。其共向发展表现为，两者发展都是朝着提高教育的效率这个方向着力的，两者相互联结，又相互缠绕。信息技术与班级组织形式的发展过程就是不断靠拢、互相影响的过程。这也源于，一方面，信息技术通过不断人性化、智能化、廉价化来扩大班级组织的规模、提高教学的效率以逐渐向教育靠拢。另一方面，基于技术开发的视角，班级组织形式为适应时代要求，主动使用信息技术。信息技术与班级组织形式的相互作用，从外部看是两者共同促进教育发展。但从其交互的内部看来，两者并非是平行关系而是缠绕关系。一方面，共向发展的并行发展关系表明，信息技术和班级组织形式是教育发展中的两条主线，两者发展是相互联系的。加快信息技术快速化发展，同步推进班级组织形式高效率化，是同属走向教育现代化的历史过程。推进技术快速化和提升班级组织效率化是两者互动发展最基本的要求。另一方面，两者内部的缠绕是建立在师生多元素间的非线性关联关系的基础上的，如图 3-7 所示。第一，两者不再遵循"技术—教师—班级组织形式"的垂直线性顺序。信息技术转向教育应用实践层面，对教育方式方法不断改进，对教学过程产生了深度影响。第二，班级组织形式也得到扩大，通过信息技术的支持，教师不仅只影响学生个人和学生班级，也开始对学生班群产生影响。基于信息技术功能丰富化与学生受众规模扩大化，信息技术班级组织形式之间形成了网状缠绕。

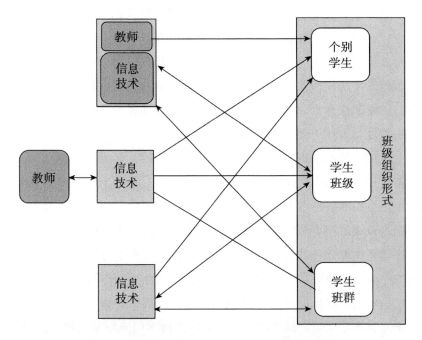

图 3 - 7　信息技术与班级组织形式的缠绕关系

2. 异速发展与响应迟滞

在一定条件下，信息技术和班级组织形式的发展不能同速，但是两者关联甚密。一方面，信息技术的探索具有相对独立的发展线索，如从直观技术，到视觉技术，再到视听媒体，直至信息技术，甚至到智能技术的进步。随着技术本身的发展规律，技术也从萌芽逐步向丰富多元的方向发展，这个过程是包含了技术的教育应用历史的。与机器时期相较，信息技术在教学中广泛应用，如网络技术、计算机技术反映出技术教育应用随着时代变迁而逐渐丰富。另一方面，班级组织形式的发展并非完全由技术决定。一则技术教育应用会出现沉寂期，教学中使用的技术并未有新的突破。二则，班级组织形式在现有的内容基础上会针对人力进行整合，或者脱离技术的影响寻求自身组织形式的发展。例如，20世纪50年代，哈佛大学倡导的小队教学组织形式，是将班级组织形式进行解体的一种尝试。由教师、实习教师和教学辅助人员组成教学小队，将儿童按不同学科分为大组与小组，集体研究并编订教学工作计划，分工合作完成教学任务和评价教学效果，是对一种较有弹性的教学组织形式的探索。①

　　信息技术和班级组织形式是异速发展的，且班级组织形式对信息技术的响应是迟滞的，如图3-8所示。需要肯定的是，教育中信息技术的扩散和采用对标班级组织形式的需求，其目标在于提高班级的组织和管理效率。信息技术将极大加速班级组织形式在教育中的物化过程，能够使班级作为组织形态存在的潜在生产力不断迅速地转化为直接的生产力，达到运用信息技术促进班级组织形式发展从而提升教学效率的目的，而且两者将形成严密的交互整体。但是，班级组织形式对信息技术的采用是稍显滞后的。

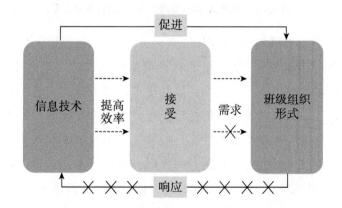

图3-8　信息技术与班级组织形式的异速特征

---

① 段兆兵. 教师如何上好每一节课［M］. 合肥：安徽师范大学出版社，2013：103-104.

一项技术在教育中扩散，通常包括技术首先为教学组织形式的直接参与者师生、教育管理者所接受，然后教学组织形式的使用者调动组织资源在班级教学的内部推行这种新技术这两个阶段。

信息技术本身的快速发展，与班级组织形式本身的发展并没有同速。而且班级组织形式对信息技术的吸纳也没有同信息技术的发展同速。一则，班级具有封闭的特点，其组织要素相对稳定。一旦一系列新兴技术逐渐进入班级，将开始打破班级原有的稳定，使得教与学变得开放、个性。例如，基于网络的开放教育环境并非能够在每一个班级中得到实现。也并未在学校教育中深入开展泛在学习、碎片化学习。技术革新对教育的影响似乎都在学校教育以外的地方实现。这种现象并不是技术与班级的相互助推出现问题，而是两者之间的吸收具有差距，是班级组织形式对信息技术的响应出现迟滞。二则，传统的班级组织形式对技术的吸纳并非同此前一般积极主动，甚至有时出现了排斥。因为并非所有新的现代技术一出现，就会立即被使用到教学组织形式当中去。即使信息技术本身突飞猛进，但学校教育中班级组织形式对技术的吸纳速度并非与技术本身的进步同速。

本书从技术哲学、技术史与教育史三个角度，审视了技术与班级组织形式的互动模式及技术对班级组织形式的影响。第一，工具时期前期的技术教育应用程度非常局限，整个教育活动的内容和方向以及技术的发展由教师的教学需求和能力决定。班级组织形式并未普及，而是出现以教师为中心的直观技术与教学组织形式的关联。工具时期后期直观技术帮助教师实现"一对多"的班级组织形式的教学。直观技术开始被开发和广泛使用，引起了教学组织形式的重大变革，改变自古以来的个别教学。班级组织形式中被技术化的内容越多、越普遍、越系统，教育的效率就越高。第二，机器时期技术与班级组织形式互需互锁。机器时期又可区分为蒸汽工业时代和电气工业时代两个历史阶段。二者对教育提出了不同的要求：前者是规模化与标准化的教育要求，实现以"秩序性"为主的改造。后者是职业化与科学化的教育要求，实现以"自由性"为主的改造。蒸汽工业时代，视觉类型的技术支撑班级组织形式的教学；电气时代，视听类型的技术支撑班级组织形式的教学。第三，自动装置时期的信息技术以多媒体计算机和互联网为核心。技术教育应用更进一步重视人的需求的多样化，班级组织形式也更为关心技术引起的多元交互性。由此，信息技术与班级教学的发展是共向的，两者同时前进，促进教育的发展。其共向发展表现为，两者的发展都是朝着提高教育的效率这个方向着力的。一方面，由于信息技术呈现出数字化、网络化、多媒体化、智能化的特点，促使教育由封闭式变为开放式。另一方面，自动装置时期信息技术与班级组织形式相互联结又独立探索。并且最大的问题在于信息技术本身突飞猛进，班级组织形式对信息技术的吸纳速度，并非与信息技术本身的进步速度相同。我们需要进一步探究出现这种异违的原因。

第四章　班级组织内的技术投入与支持限度

对于信息技术与班级组织形式互动的分析，至此已进行过历史溯源、思想理论考辨和逻辑推理。但严谨的、完善的学术研究，需要适当的实证资料作为支撑。本书以实证的方法观察信息技术与班级组织形式当前的互动现象，以保证研究所获得的知识真实可靠，从而也能判断前文对不同历史时期技术与班级组织形式的历史分析是否符合客观事实与逻辑法则。为获得更为全面的、可靠的支撑材料，本章将融合解释和实证两种方式进行研究。将具体运用问卷法、访谈法进行研究；旨在调查和解释班级组织内的技术投入与支持限度问题。调查研究分为"班级内的技术投入与应用现状调研""关于信息技术班级应用范围的访谈"两部分。通过调查一线教师和学校管理人员较完整地获得了信息技术投入与应用的数据，从而对学校最小化单位"班级"的信息技术投入与使用有了全面的认识。

一、班级内的技术投入与应用现状调研

（一）以教师为中心的班级内技术应用调研

分析信息技术与班级组织形式的互动问题，就是希望弄清楚班级组织内的技术投入与支持限度。按照这个思路设计并完成以教师为中心的班级内技术应用调研，从一线教师的角度出发了解信息技术在班级中的应用情况。因为，在信息技术与班级组织形式的互动过程中，教师是较为中心的主导者，也是主要的和信任度高的观察者和参与者。在具体的教育教学实践过程中，教师的教学技能、组织方法、技术掌握与应用等，直接影响教育的进程与效果。通过了解教师的基本情况、信息化教学授课环境、教学过程中网络资源的使用情况、学习过程评价手段、教学互动方式等，能够全面把握班级对信息技术的实际应用、组织情境，解决技术使用和教学组织形式的互动问题才有鲜活的依据。所以，"以教师为中心的班级内技术应用调查"的情况能够通过对教师信息化教学现状的调研来了解。

1. 问卷设计与基本情况

本部分旨在问卷调查当下教师信息技术应用能力和教师信息化教学现状概况。从教师信息技术应用能力的角度切入调查，是因为一线的教师更能够深入教育的现场，真正走进教学真实、具体、鲜活的情境，从他们那里得到的第一手资料更有说服力。本调查研究基本步骤如下：

第一，编制"中小学教师信息化教学现状调查"的调查问卷。在文献收集与整理已有研究成果的基础上，根据《中小学教师信息技术应用能力标准（试行）》，初步确立教师信息技术应用能力现状所涉及的"技术素养""计划与准备""组织与管理""评估

与诊断"“学习与发展”五个基本维度，① 编写了调查问卷。

第二，通过问卷法，抽样调查了全国范围内 6 个省（直辖市）的 21 所小学和 28 所中学的教师在教学中对信息技术的应用现状。共发放问卷 800 份，回收问卷 731 份，其中有效问卷 677 份，回收率 91.40%，有效率 92.60%。在参与调查的教师中，女性占 63.70%，年龄在 31~40 岁的教师占 38.40%，本科以上学历的教师占 77.50%，教龄 16~25 年的教师占 40.30%。调查对象的基本情况，如表 4-1 所示。通过量化的整体描述，可以更为全面地揭示现实情境中信息技术使用的实然情况。

表 4-1　问卷调查对象基本情况

基本信息	选项	人数/个	占比/%
性别	男	246	36.30
	女	431	63.70
年龄	31 岁以下	121	17.90
	31~40 岁	260	38.40
	41~50 岁	243	35.90
	50 岁以上	53	7.80
学历/学位	本科	525	77.50
	硕士	9	1.30
	博士	1	0.10
	专科	133	19.60
	专科以下	9	1.30

---

① 教师信息技术应用能力现状调查的基本维度，是参照教育部在 2014 年制订的《中小学教师信息技术应用能力标准（试行）》相关框架而确立的。

续表

基本信息	选项	人数/个	占比/%
教龄	1～5 年	101	14.90
	6～15 年	184	27.20
	16～25 年	273	40.30
	26～35 年	107	15.80
	36 年以上	12	1.80
任教阶段	小学	274	40.50
	初中	347	51.30
	高中	56	8.30
任教地区	农村	69	10.20
	乡镇	329	48.60
	县城或区	226	33.40
	地市级或以上城市	53	7.80

2. 实证数据统计分析

经过对本问卷进行信度分析，得知本研究的问卷具有较好的信度，测量结果可靠。信度是测试结果的稳定程度，主要反映同一对象采用同一方法重复测量后得到结果的相一致程度，即测量结果的一致性或稳定性。通过采用克隆巴赫（Cronbach's Alpha）系数来检验本调研问卷的内在可靠性程度，得出其克隆巴赫系数取值在 0.00～1.00。一般情况，克隆巴赫数值越高代表调研问卷的可靠程度越高，反之越低。研究量表的克隆巴赫系数大于 0.80 时，代表数据的可靠性非常高；克隆巴赫系数在 0.70～0.80 时，代表数据的信度在可接受的范围内；而当克隆巴赫系数在 0.70 以下时则应考虑重新修订完善该调研问卷。本调研问卷的信度检验抽取结果如表4-2所示。

表 4 - 2　信度检验结果

项目	克隆巴赫系数	项数/项
技术素养	0.842	10
计划和准备	0.914	12
组织和管理	0.863	10
评价诊断	0.929	8
学习与发展	0.856	5
整体	0.970	45

根据检测结果显示，整体维度的整体克隆巴赫系数值为 0.970，且各个维度都大于 0.7，说明问卷的总体信度比较好，具有良好的内部一致性。效度即有效性，指测量工具或手段能够准确测出所需测量的事物的程度。本书研究采用结构效度进行了效度检验。在结构效度方面，则采用了抽样适合性检验，即 KMO 检验和巴特利特球体检验，当 KMO 检验系数大于 0.50 时，巴特利特球体检验 χ^2 统计值的显著性概率 P 值小于 0.05 时，调研问卷才有一定结构效度。如表 4 - 3 所示。

表 4 - 3　抽样适合性检验（KMO）和巴特利特检验

抽样适合性检验（KMO）的取样适切性量数		0.972
巴特利特检验的球体检验	上次读取的卡方	24429.257
	自由度	990.000
	显著性	0.000

根据检测结果显示，本次调研问卷 KMO 检验值为 0.972，大于 0.70。调查表现为很适合做因子分析，检验对应的 P 值为 0.000，小于 0.05。由此可得，相关系数与单位矩阵之间存在显著

性差异，表明所有调查数据之间具有一定的相关性，所以得出结论为问卷具有一定的结构效度。

3. 调研结果与数据分析

第一，信息技术的应用维度分析。本书对技术素养、计划与准备、组织与管理、评估与诊断、学习与发展 5 个维度进行了界定。依据达标的得分比例大于 85%，强弱程度在 3.5 以上为该指标已经达标的原则，得出各维度的发展水平。

各维度的具体发展情况如图 4-1 所示。总体来看，柱状图的灰色区域为选取的指标个数，黑色区域为达标的指标个数。其中，技术素养 10 个指标，有 5 个达标；计划与准备共 12 个指标，有 10 个达标；学习与发展 5 个指标，有 3 个指标达标；评价和诊断 8 个指标，有 6 个指标达标；组织管理共 10 个指标，有 3 个达标。信息技术在班级中的应用内容主要需从计划与准备、组织与管理两个方面了解。其中，组织与管理的维度是最为薄弱的。

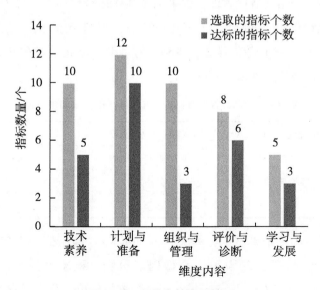

图 4-1　各维度的发展情况

（1）技术素养维度。从技术素养维度来看，教师的信息化素养尚有提升的空间。总体上，教师已具有积极正面的信息技术使用意识。高达 98.10% 的教师表示已认识到信息技术有为教学提供帮助的优势，86.00% 的教师对使用信息技术培养创新型人才持肯定态度。但是，在利用信息技术开展教学时，仍有 43.40% 的教师经常需要技术人员提供帮助。值得注意的是，也有 3.55% 的教师认为信息技术只是噱头，对教学并无多大益处，反而会影响学生的注意力。还有 23.34% 的教师因为不会使用相关设备，需要技术人员帮助而不愿使用。同时，通过对教师的信息化素养进行标准差分析，其数值为 1 左右且波动较大，说明教师之间的信息技术素养尚存在较大提升空间。

（2）计划与准备维度。从计划与准备维度来看，信息技术与教学的适切性程度不高。与传统"口传面授"的教学形式相比较，信息技术支持现代教学方式发生质的变化。其突破时空限制，提供便捷的教学资源，促进教学质量的提高。但部分教师对信息技术的运用具有依赖、应付的情况。在问卷调查"你是否有使用信息技术的习惯或者依赖？教学中您主动使用的意识强吗？"这项问题时，经统计有 67.50% 的教师明确表示，倾向于直接使用网络教学资源，认为其质量与水平高于自制教学材料；也有 51.60% 的教师在回答中表明对于信息技术的使用没有计划，多是为了应付检查和应付公开课。

（3）组织管理维度。从组织管理维度来看，信息化组织程度稍显欠缺，详见表 4-4。此维度是从教师课堂教学资源的使用情况、课程导入效果、学生平等获得技术资源、关注学生的兴趣与注意力、观察和收集学生反馈、动态调整教与学的组织形式、有意识地培养学生技术素养、灵活处理信息技术应用过程中的意外状况等多方面进行综合考察。其涉及的要素包括：参与教学的人员、教学场所、信息技术，并且是以学生为中心满足随时可用，让学生自定步调，学习个别化这三个条件。[①] 但是在五个维度中，此项评分最低。其原因在于，一方面，该维度能够反映出信息技术在班级组织形式中运用的实际情况和出现的问题。调查结果显示，"因技术故障造成课堂教学无法继续"占比 51.70%，这是超过半数教师的教学实际情况。它说明，技术在客观的使用过程中，会因人为的主观因素影响，难以达到预期的效果。另一方面，组织管理维度是面向大部分学生的教育需求，也考虑到了个别学生的特点，但实际调查结果并不理想。例如，"不能保证所有学生都能使用到硬件设备或软件资源"和"不知通过信息技术如何准确了解学生自主学习进展"的情况很明显（67.06%、83.60%）。这从侧面反映了教师教学中对信息技术的选择和使用的意识是较为淡漠的。

表 4-4　信息化组织管理维度

指标内容	比例/%	平均值	标准偏差
导入环节经常使用数字资源（如视频、动画、学科工具等）	*	3.84	0.97
利用信息技术开展教学，如项目学习、任务驱动学习等	*	3.53	1.06
不能保证所有学生都能使用到硬件设备或软件资源	83.60	3.38	1.09
通过小组合作等方式尽量使学生都参与到学习活动中	*	3.85	0.91
关注后排和两侧学生的视听效果，及时调整教室光线和设备	*	3.91	0.90

---

① 马骥雄. 战后美国教育研究 [M]. 南昌：江西教育出版社，1991：100.

续表

指标内容	比例/%	平均值	标准偏差
不知通过信息技术如何准确了解学生自主学习的进展	67.06	3.10	1.23
技术故障通常会使我的课堂教学无法继续	51.70	2.66	1.24
学生利用信息技术学习时遇到意外状况，能够灵活地处置	*	3.54	0.98
通过数字资源提高学生的学习兴趣与课堂活跃度	*	3.99	0.92
支持学生在课后利用信息技术来收集资料和学习	*	3.89	0.95

注：标有 * 处理的数据，表示比例大于 85%，且强弱程度在 3.5 以上。

（4）评价与诊断维度。从评价与诊断维度看，教师课前课后利用信息技术的诊断意识较强，但教师之间的诊断能力有差异。调查显示，教师"经常使用在线测评系统来开展练习和测验"的情况占 71.20%，"尝试建立电子档案带来评定学生的发展"的情况占 77.25%；"引导学生在网络学习平台中进行自评和互评"的情况占 69.42%，"使用网络平台和软件来收集学生的学习过程信息"的情况占 75.63%。进一步对教师的评价与诊断能力进行标准差分析，其标准差基本处在 1.0 以上。教师对于利用信息技术进行课堂评价和诊断的能力存在很大的差异，教师之间的评价能力参差不齐。因此，只有大力提升教师评价与诊断能力，才能更有利于信息技术环境下的教与学。

（5）学习与发展维度。从学习与发展维度看，教师对信息技术的"技术化"误解严重。组织教师参与信息化能力素养培训，一则能够全面提升教师信息技术应用能力，促进教师转变教育教学方式。二则，能够帮助教师快速适应新课标，实现信息技术与教育教学的深度融合。通过学校定期组织教师进行信息技术能力方面的培训，98.20% 的教师认为收获较大。但受培训成本和培训资源等因素的影响，大部分针对教师信息技术能力的培训进入误区，将教师信息技术能力的培训等同于计算机培训。在问卷调查"您对学校组织或者您参加的教师信息技术能力培训满意吗？您的收获怎样？"这项问题时，经统计 75.50% 的教师反映通过学习熟练掌握了办公应用软件的使用，38.30% 的教师指出培训并未有对学习专业内容、教师学科甚至信息技术能力本身的区分，培训类似"大杂烩"。

第二，信息化配置环境分析。信息技术已在班级教学环境中占有极大覆盖率。在调查教师所在学校的信息化授课环境配置情况时，很多回答是肯定学校配备有多媒体计算机网络教室，教师在课堂教学过程中可以用到网络。因此，具有网络教学环境的比例是最多的，占 43.13%；但总体比例仍不理想，仍然有一半以上的学校没有配备较为完善的网络教学环境。配备有交互多媒体教学环境和简易多媒体环境的情况，分别达到 33.83% 和 18.17%。配备有移动教学环境，能够应用平板电脑、笔记本电脑、智能手机等移动终端开展教学的比例占 3.10%。在现有配置不能满足教师需求的情况下，教师也会自行配置一些相关设备，主要体现在话筒、计算机、摄像头和平板电脑上。从没有配备任何电子设备和仿真教学环境和配备了云设备、可穿戴设备、人工智能设备等教学环境这两项情况所占比例都为 0.74% 来看，最先进的新兴技术普及性低。总体上，信息技术已在班级教学环境中占有极大覆盖率。

第三，教学使用的信息技术分析。调查数据表明，对教师信息技术的使用普及仍停留在初级阶段。在教学过程中，利用信息技术来开展教学活动的比例达到 92.47%，其中使用频率完全符合、比较符合、基本符合标准的比例分别为 26.44%、31.61%、34.42%。学生使用教室的信息设备总量为 83.60%。另外，从教师常用的教学设备发现，计算机和投影仪是教师使用最多的，所占比例达到93.06%；其次是使用网络教学平台的比例占92.23%；使用话筒、音响的比例为84.79%。除反映教师个人的信息化能力外，这也说明信息技术在班级内的投入与使用整体情况，证实信息化教育环境建设比较完善。如图4-2所示。

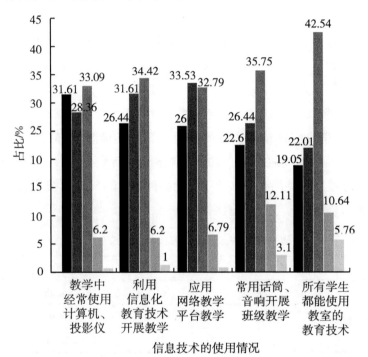

图4-2　教学使用的信息技术

（二）以管理者为中心的班级内技术投入调研

为进一步收集班级组织内的技术投入与支持限度情况数据，本书进行了以学校管理者为中心的班级内技术投入现状调查，具体落实在"中小学校信息技术投入与应用的调查"中。主要是针对中小学校长的调查，以期得到更翔实的历史记录数据。

1. 问卷设计与基本情况

本书通过使用腾讯线上文档数据收集，与线下纸质问卷相结合的方式，发放问卷82份，回收80份，其中有效问卷75份。问卷回收率为97.60%，有效率为91.50%。所调研的学校中有14.70%的学校是信息技术示范校，如表4-5所示；97.33%的学校为公办中学，如表4-6所示。如表4-7所示，平均每个学校拥有教职员工60人，教师54人，技术人员1人，管理人员2人，其他工作人员3人；每个学校平均拥有19个班级，814个在校学生；学校与信息管理相关的平均资产为121.82万元；96.00%的学校信息技术相关的资金来源于上级教育部门下拨，12.00%的学校信息技术相关的资金来源于自筹资金，11.00%的学校信息技术相关的资金来源于社会捐助，3.00%的学校信息技术相关的资金来源于处理淘汰设备。

表4-5 学校是否信息技术示范校

学校性质		频率/次	占比/%
有效	否	64	85.33
	是	11	14.67
	总计	75	100.00

表4-6 学校类别

学校类别		频率/次	占比/%
有效	公办	73	97.33
	民办	2	2.67
	总计	75	100.00

表4-7 各学校基本信息描述性统计

题项内容	教职员工/人	教师/人	技术人员/人	管理/人	其他/人	学生/人	教学班/个	与信息技术相关的固定资产/万元
平均值	59.35	53.71	0.99	1.84	2.81	813.96	18.67	121.82
中位数	34.00	30.00	0.00	1.00	1.00	443.00	10.00	50.00
标准偏差	89.95	81.12	3.86	1.63	5.82	1167.82	24.17	256.93
偏度	4.53	4.36	7.34	2.89	5.09	3.66	3.91	4.23
偏度标准误差	0.28	0.28	0.28	0.28	0.28	0.28	0.28	0.28
峰度	23.87	21.98	58.37	10.10	31.85	16.19	19.23	19.09
峰度标准误差	0.55	0.55	0.55	0.55	0.55	0.55	0.55	0.56
最小值	5	4	0	1	0	30	2	3
最大值	604	521	32	10	43	7228	163	1583

注：在回收的75份有效问卷中，有两份缺失与信息技术相关的固定资产的数据。

本次调研经检验有效可靠。一方面，问卷的可靠性强。从信度分析（Realiability Statistics）的计量结果中可以得到克隆巴赫系数值为 0.478，而基于标准化项的克隆巴赫系数值为 0.929，高于 0.9，故分析的数据具有很高的内在一致性，可靠性较强，如表 4 - 8 所示。另一方面，问卷有效，如表 4 - 9 所示，效度分析从抽样适合性检验 KMO 值 > 0.7，巴特利特球形度检验 P 值 < 0.05 反映问卷效度较好。

表 4 - 8 可靠性统计

克隆巴赫值	基于标准化项的克隆巴赫值	项数
0.478	0.929	43

表 4 - 9 抽样适合性检验（KMO）和巴特利特检验

抽样适合性检验（KMO）的取样适切性量数		0.805
巴特利特检验的球形度检验	近似卡方	6683.679
	自由度	861
	显著性	0.000

2. 数据统计与结果分析

本章通过对问卷数据进行概括性统计与针对性分析，并基于调查结果阐释信息技术在中小学的投入和使用的基本概况。在当前的学校教育中，信息技术已然渗透进班级组织形式的教学中，信息技术在班级的使用情况，除了可从"中小学教师信息化教学现状调查"的结果中反映出来，也可进一步从本次问卷中获知。

第一，信息化投入总体呈积极化、稳定化趋势。本次调研的信息技术固定投入资金，主要指多媒体计算机、人工智能技术、校园网、因特网、虚拟现实等以数字化为标志的技术的投入。2015 年至 2019 年信息技术的投入资金总量稳步增加，在 2018 年则反映出高标准的投入。一方面是源于 2018 年大部分学校进行了大量的高标准资金投入，成为信息技术投入的核心增长点。原因在于，2018 年国家《教育信息化 2.0 行动计划》启动，教育信息化从 1.0 时代向 2.0 时代升级，从而教育信息化落实到学校实际建设上，也需要从专用资源向大资源转变，从提升学生信息技术应用能力向提升信息技术素养转变等。所以，信息技术的固定投入增幅变大，教育信息化 2.0 的建设在高标准化地推进。另一方面，多数学校的各项投入资金整体上呈上升趋势，详见表 4 - 10。信息技术固定投入的平均资金从 2015 年的 7.18 万元涨到 2018 年的 13.32 万元，然后 2019 年猛跌到 7.44 万元。

表 4 - 10 信息技术固定投入资金

单位：万元

年份	2015	2016	2017	2018	2019
平均值	7.18	9.03	11.80	13.32	7.44
标准偏差	18.30	20.52	19.72	29.69	12.95
最小值	0	0	0	0	0
最大值	155	165	120	200	60

注：回收的 75 份有效问卷都有本项调查的相应数据。

第二，各项信息化投入以实用为主，设备投入与其他相关的投入比例失衡。从调研结果来看，各学校越来越注重教师信息化能力的培养，以实现向技术素养培育转型。在教师信息化能力培训、信息化教研科研经费方面投入的平均资金从 2015 年的 1.24 万元涨到 2019 年的 1.97 万元，如表 4 - 11 所示；对教育信息工作突出者的平均奖励资金从 2015 年的 0.18 万元涨到 2019 年的 0.34 万元，整体呈现稳步增长的趋势，如表 4 - 12 所示。若要实现教师信息化的能力从技术应用能力转向信息素养能力，不仅要利用信息技术，更需要利用信息素养和信息技术的合作。

表 4 – 11　教师信息化能力培训、信息化教研科研经费投入资金

单位：万元

年份	2015	2016	2017	2018	2019
平均值	1.24	1.51	1.72	1.70	1.97
标准 偏差	2.55	3.69	4.32	3.55	4.92
最小值	0	0	0	0	0
最大值	20	30	35	25	40

注：回收的 75 份有效问卷都有本项调查的相应数据。

表 4 – 12　教师教育信息化工作奖励

单位：万元

年份	2015	2016	2017	2018	2019
平均值	0.18	0.22	0.30	0.33	0.34
标准 偏差	0.63	0.69	1.05	1.27	1.30
最小值	0	0	0	0	0
最大值	5	5	8	10	10

注：回收的 75 份有效问卷都有本项调查的相应数据。

有关信息技术的硬件设备维护投入，整体呈现稳步增长的趋势，其平均资金从 2015 年的 2.18 万元涨到 2019 年的 3.72 万元，详见表 4 – 13。这是因为 2015 年到 2018 年对维护的投入，是伴随信息技术的投入总量急剧上升的。因此，维修资金和其他投入也与日俱增。同时，由于教育信息化的建设，其他在信息技术相关方面的投入，包括光纤租金、上网费用等资金也从平均 2.33 万元增至 3.21 万元，详见表 4 – 14。

表 4 - 13　硬件设备维护的投入　　　单位：万元

年份	2015	2016	2017	2018	2019
平均值	2.18	2.49	2.86	3.48	3.72
标准 偏差	4.35	4.52	5.22	6.53	7.77
最小值	0	0	0	0	0
最大值	35	35	40	50	60

注：75 份有效问卷都有本项调查的相关数据。

表 4 - 14　其他投入，包括光纤租金、上网费用等　单位：万元

年份	2015	2016	2017	2018	2019
平均值	2.33	2.43	2.78	3.21	3.03
标准 偏差	4.49	5.21	6.35	7.59	6.31
最小值	0	0	0	0	0
最大值	30	40	50	60	45

注：在回收的 75 份有效问卷中，有一份缺失本项调查 2015 年的数据，有一份缺失本项调查 2019 年的数据。

表 4 - 15 是近五年各项资金的投入情况。可知信息技术等设备投资占总投资的 56.19%，在学校信息化转型中，占据半壁江山。而信息化教研和信息奖励的比重均不超过 10%。因此，信息技术设备的投入量过多，应该加强其他相关的投入，提高对信息技术的利用效率。

表 4 - 15　近五年各项资金投入情况

题项内容	固定投入	培训投入	奖励投入	维护投入	其他投入	总额
5 年投入额/万元	48.77	8.14	1.37	14.73	13.78	86.79
占比/%	56.19	9.38	1.58	16.97	15.88	100

但是，从各项资金的投入比例看，大部分中小学的投资偏向于购买、配置、维护物化的信息技术。而对于信息化教学所需要的教学软件、数字化教育资源、教师信息化培训等方面，则投资相对较少，存在重视"硬投入"，忽视"软投入"的现象。因此，教育信息化投资比例存在着比较严重的失衡现象。

第三，新兴技术投入呈壁垒化、高阶化特点。新兴技术的投入并未实现广覆盖和全落地的目标，表4-16是教学班级中教育信息化的投入情况。其中，多媒体设备和交互设备仍是学校信息化的主流，投入占比较大；移动教学装备和简易多媒体的占比适中，投入处于中间水平；而电视机、DVD的资金投入量明显不足；新兴技术的投入小，使用也并不普及。其原因在于，一方面由于电视机和高密度数字视频光盘（DVD）已被各学校淘汰，取而代之是笔记本、投影仪等设备。另一方面，如智能设备、虚拟现实设备等新兴的技术进入教育，存在高阶门槛。近年，人工智能（AI）技术的应用刚刚在中国升温，其价格比较高，大部分学校还没有做好投入的准备，因此新兴的、高端的技术投入存在壁垒。

表4-16　教学班级中教育信息化投入情况　　单位：万元

题项内容	平均移动教学	平均多媒体	平均交互	平均简易多媒体	电视机与DVD	人工智能技术设备费
平均值	0.83	2.53	2.14	0.94	0.20	0.18
标准偏差	2.58	7.07	3.01	1.45	1.09	0.90
最小值	0	0	0	0	0	0
最大值	15.37	55	23.40	8	9	5

注：回收的75份有效问卷都有本项调查的有关数据。

　　这个调研结果确实也跟调研的地域分布有关，重庆、四川、山东、云南的学校样本偏多。同样，根据德勤咨询（Deloitte Consulting）研究的大样本数量调研结果如图4-3所示，地处"北上广"一线发达省市的人工智能技术投入教育的发展更快。我国人工智能教育在向二三线城市下沉，长三角地区、福建以及中西部地区的人工智能教育的覆盖在稳步进行。

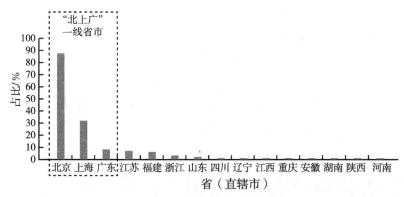

图4-3　2016—2019年第一季度中国人工智能教育地域分布信息

　　资料来源：德勤研究院，自动化学智慧教育专委会. 全球教育智能化发展报告［R］. 上海：德勤研究院，2019：29.

二、关于信息技术班级应用范围的访谈

　　访谈旨在了解为下班级组织内的信息技术投入及其支持情况，基于时间、地域、新冠肺炎疫情等方面的综合性考虑，笔者通过以线上访谈为主，线下访谈为辅的方式展开研究，研究过程如下：

　　首先，确定访谈提纲。笔者基于文献整理和专家咨询的相关资料，确定访谈大纲的维度。其中包括学校与教育信息化相关的基本投入、经费投入配置、人力投入配置、实际应用困惑与期望等四个

基本访谈维度，并编制了《信息技术在班级教学中投入与应用的访谈提纲》。① 以期从多角度、多层面开展访谈。在请教育技术学的两位专家审查后，进一步修订，最终在非结构访谈中使用。

其次，选取访谈对象。与北京、重庆、四川、云南、湖北、山东、海南等省市 36 名教育工作者进行访谈，访谈时间基本控制在 30~40 分钟。受访者为省（直辖市）教育技术装备中心负责人、教研员，市（县）教育技术信息管理中心管理人员，中小学校长、校信息中心主任、学校教师。

最后，访谈内容按"地区—学校类型—学校信息化情况—任职"的形式整理编码。收集与信息技术在学校投入与应用相关的观点、态度与参与行为等。经过分析，初步掌握了当下信息技术在班级中的投入和在教学中的应用等情况。

（一）信息技术对班级组织下的教学支持

1. 信息技术对教学各环节的支持

在访谈中，笔者主要针对信息技术的教学应用，引导被访者从教学导入、知识新授、练习和反思这四个部分讲述。被访者围绕信息技术使用的教学环节这个范围进行比较自由地交谈。将被访者所围绕的交谈内容，大致总结为：课程导入、教学内容、学生合作交流、即时训练、自主学习、成果展示、远程交流、教师

---

① 在查阅大量文献资料的基础上，初步确立参照了"班级适度规模成本指标体系"、"中小学教育技术装备的成本投入指标分析"相关框架，设计了信息技术在班级教学单位中的投入调查的基本维度。主要参考了郭莉．中小学教育信息化成本效益探讨［D］．南京师范大学，2005：90–96；张万朋．中国义务教育班级规模的效益研究［M］．北京：教育科学出版社，2015：35–39；段宝霞．基础教育信息化成本效益探讨［J］．教育与经济，2009（2）：49–52；肖飞生，戴红斌，张国民，陈发起．教育装备成本效益研究［J］．中国教育技术装备，2008（14）：3–4；杜育红．作为教育规划技术的成本效益分析［J］．清华大学教育研究，1997（3）：40–46。

评价和布置作业几个方面。虽然在每一节课中信息技术没有全部涉及各个环节，但被访者表示多少都会有意识地在教学各个环节设计信息技术的使用。

> T22：我通常会使用 PPT 展示图片创设情境，吸引同学们的注意力，让学生们迅速进入上课状态。当然，有些艰深又抽象的知识点，会从网上找一些动画或者讲解视频给学生展示，便于他们理解。
>
> （四川—都市—示范校—初中教师）

> T28：主要是给学生观看视频、利用 PPT 播放音频和利用 iPad 进行朗读训练等方式丰富教学形式。特别是对于字词读音方面的教学任务，（信息技术）能够准确、生动地辅助教师讲解，帮助学生清楚地掌握。
>
> （北京—都市—示范校—小学教师）

> T32：学生利用手机（移动设备）完成校本课程 APP 里的练习，老师能最快地知道全班的完成进度和正确率，并进行及时讲解，提高练习的时效性。
>
> （湖北—城镇—示范校—高中教师）

> T36：学生自主学习环节使用比较多。比如，我讲解昆虫纲分目的特征之后，针对一些不常见的昆虫类型，学生能够通过使用电脑、iPad 及时完成知识的拓展和巩固，我也会有意识地培养学生的自主学习能力。
>
> （重庆—城镇—非示范校—小学）

> T15：从听课情况来看，老师们均使用了信息技术。肯定不会在教学各个环节中均涉及，但是基本上每节课都有在用。
>
> （重庆—城镇—示范校—初中校长）

2. 信息技术功能应用的丰富性

当前，在普遍的班级教学中，无论教师还是学生，对信息技术的应用都形成了习惯，更有甚者形成了依赖。一方面，信息技术为班级组织形式的教学服务，使课堂变得生动丰富。教师面对大范围的学生教学，使用信息技术更具优势，能最大化地提高教学效果。另一方面，教师对信息技术的各功能的应用均有涉及，特别是教学扩充和信息呈现这两个功能使用的次数最多。在课前引入、分析课文、小组活动等方面，教师都会选择利用视频、音频和播放图片等方式进行教学扩充。

T9：除实验课外，物理教学都较为抽象。对于极其难懂的知识点，我第一时间就会利用技术做 PPT 帮助学生理解。有一次讲"万有引力定律"，我最初是找到苹果红透落地的教学演示给学生播放，突然就讨论开了，有调皮学生问为什么不是苹果飞上天。我当时就简单建模做了苹果飞上天的简易动画，做了不同高度的几个动画，请学生讨论"是不是苹果离地面越高，下落速度就越快"。

如果单独给补课学生讲这些知识点，肯定不会使用这些技术，拿张纸画一下就有结果。当然，这些一般只可能在给全班学生讲课时候使用，面向几十个学生更直观，课堂效果又好。

（北京—都市—示范校—初中教师）

T32：我是"技术狂"，上课对技术设备和软件的依赖性还是很强的。能够使用 PPT 的时候，不喜欢用板书。遇到知识点学生反应不好的时候，我马上会上 B 站找视频。这样就能与学生很快产生共同语言，而且也很亲切，学生比较崇拜我。

（湖北—城镇—示范校—高中教师）

根据访谈对象反映，利用信息技术能够丰富教学手段和教学内容，而且对信息技术的及时反馈和辅助教学功能的应用较为广泛。第一，使用最多的是视频功能。因为网络资源丰富，能够直接提取使用。第二，评价功能直接反映教情和学情。特别是在练习环节中使用它，布置练习任务可以直接利用手机、iPad 将学生练习情况及时投到屏幕上进行分析，能够提高学习效率，帮助教师直接有效地掌握学生的学习情况。第三，对于信息技术在教学各环节使用的评价。导入环节最受教师们欢迎，其原因在于教师习惯通过播放视频、音频和图片创设情境，让学生迅速进入上课状态。另外，对于学生而言，在进行自主汇报时利用信息技术进行内容分享，既生动直观，又及时反映学习情况，还能提高交流的效果。

T22：我几乎每节课导入时都会有意识地用，学生很快就能关注到我的讲课。另外，它让我的课堂变得生动，学生很容易被吸引，课堂气氛一下子就活跃起来了。以前我们机械地讲课，学生机械地听讲，有时候我都觉得自己是讲课的机器，嘴巴在说课文，脑袋在想其他东西。当然这也不是经常发生的。学校要求我们使用这些（技术设备），确实大家的精力都要集中一些，毕竟要去使用电脑，通过视频展示，学生的理解更为直观。

（四川—都市—示范校—初中教师）

T15：基本上老师们都会通过视频或者 PPT 进行教学内容的引入。会上，我还多次强调希望老师们多多开发新的形式，不要千篇一律的都是电脑一打开，放个视频，放首歌就开始上课，这样会形成依赖和产生惰性。

（重庆—城镇—示范校—初中校长）

T36：我们学校要求老师们尽可能使用信息化技术教学，而且必须反映在至少 2 个教学环节中。最开始大家都很反感，特别是年龄偏大的教师。后来用习惯了，不使用还不适应。这能够丰富我们的教学手段和教学内容。

（重庆—城镇—非示范校—小学）

T11：现在因为疫情不能上学，但是很多内容是需要学生小组讨论或者合作完成的。把任务布置在班级群，学生分组讨论，班委主持，效果比预想中好。虽然不在教室，学生们反而准备得很充分，展示效果也很好。

（重庆—城镇—示范校—高中教师）

T19：针对一些课外拓展课程，我们会安排同年级学生统一在教室学习，教学的资源是从网上下载的优秀教师教学视频。

（湖南—都市—示范校—初中教师）

（二）班级组织下的教学对信息技术的排斥

1. 班级内新兴技术的应用限制

班级教学所使用的信息技术呈现出有限的态势，其具体表现为：一方面，信息技术本身投入的比例已失衡。这种失衡可能导致信息技术对教学没有真正产生实质性的效果。即学校斥资购买、配备的计算机及网络设备沦为展览品，未在班级的教学中真正发挥与其代价相称的作用，其管理与维护成为学校的沉重负担。

T7：我们学校属于公办市级重点中学，也是市级的信息技术示范学校。上级部门和学校对信息化建设都很重视，舍得投入。除了经费方面很支持外，财政拨款也多，我们还去自筹了一些经费用于信息化建设。学校专职的技术人员岗位就设置了 6 个。不过我们把所有的投入都花在设备方面了，设备的购买是根据学校年内的各次招投标购买数额累计相加。软件投入几乎没有，大多为购买时自带的系统软件和网络免费资源。

（重庆—都市—示范校—高中校长）

T18：国家对信息化 2.0 建设这么重视，我们下级部门也会积极贯彻落实相关的建设要求。我们肯定是很重视的，这个是看得见的，而且我们装备中心本身就负责这个工作。

（重庆—都市—教育技术装备中心—负责人）

T17：我们校长很重视教育信息化建设，开会强调，平时也讲，或许跟他是计算机专业毕业的有关吧。感觉学校的信息化建设都是买的一些课堂使用的机器放在那里，我们也不会真的考虑在教学中去使用。

（海南—城镇—非示范校—小学教师）

另一方面，新兴的、高端的技术没有普及每个班级，并未在班级组织形式的课堂中使用。造成这种现象的原因可归纳为两类：一是新兴技术或高端的技术投入需要财政经费的支持。二是新兴技术的使用呈现"赶时髦"的趋势。在班级组织形式的教学中，新兴的技术、高端前沿的技术运用，与教学知识体系产生了不和谐感。即现有课程设置不需要使用新兴技术的支持，教师就能为学生进行很好地讲解；或者是现有的信息技术已经能够支持实际的教学需求。另外，新兴的技术具有无法预知的发展特点，这也是每一次技术革新都必须面对的问题。一种技术是否符合教育的需要、时代的需要，也需要经过时间和实践的检验。这种检验体现在对教育的认知和对实践性教学的反复论证上。当前，虽然技术和教育都对新的数字化世界有渴求，但是在班级组织形式中的真实应用表明，新兴技术还未到达能显著提高教育效果的阶段，就已经面临阻碍。

T12：评价教学的标准是学生的成绩，上课也没有用（新兴技术）的必要。

（山东—都市—非示范校—初中教师）

T27：学校只是每个班级通了网络，但是我一般也不会用，因为学校电脑很差，病毒又多。

（重庆—城镇—非示范校—小学教师）

T35：实验室配备了全套教育智能设备，但每个班上课使用的还是最基础的电脑。而且就算每个班都配备了，也不一定就适合教学。

（湖南—都市—示范校—初中教师）

T33：一般就只有用电脑，有时候甚至网都不需要上。

（海南—城镇—非示范校—高中教师）

T23：现有的技术设备已经够用了，而且能够让教学很生动，没必要弄一些看起来"高大上"的东西，对学生考试毫无帮助。

（山东—城镇—非示范校—高中教师）

由此，分析班级教学中使用信息技术之所以有限的原因，还应考虑技术进入班级的人力和物力因素。一来，信息技术的硬件设备确实已经进入班级，实现技术对班级教学的支持，这是物力方面的因素。二来，在班级组织形式中使用信息技术的主体是教师，一旦教师形成固有的路径依赖或是排斥，那么就会造成技术在班级形式中的教学应用有限。因此，信息技术的使用有限除与财政投入、资金支持的力度有关外，还与教师的使用意愿密切相关。

2. 城乡学校信息化发展的差距

信息技术在班级组织形式的教学中使用有限，还应考虑地域因素。经访谈发现，城乡学校间的信息化发展存在不均衡现象。一方面，乡镇教师的信息化意识、水平显著低于城市教师。在对信息技术的使用积极性上，乡镇教师较多呈消极态度，而城市教师的态度是中立的。相较于城市教师，乡镇教师在信息化教学方面投入的精力更少。同时，乡镇教师的自我反思明显不如城市教师，这说明他们对信息化教学的认可与重视程度不如城市教师。另一方面，访谈结果表明乡镇学校的信息投入与应用，与城市学校相比存在差距。这种差距一来印证了"教师信息化教学现状调查"结果所反映的，教师信息化能力有较大的提升空间。二来，又反映了较低的信息技术能力，可能是造成乡镇教师信息技术教学应用效果欠佳的原因。

T34：学校之间的差距肯定会有。硬件只是一方面，但不是主要方面。人力因素还是主要的。城市学校的老师面对的大都是接受新鲜事物渠道多、能力强的学生，学生的信息素养对老师是一种隐形的推动。

（山东—都市—教育技术信息管理中心—管理人员）

T31：除了每学期规定的培训，我们确实没有其他方式去充电学习。当然，这也不是学校的原因。我认为还是我们自己的原因，年纪大了不想动了。而且我们学校所处地区偏远，学生也不会有很多要求。

（云南—城镇—非示范校—高中教师）

T1：我们的投入经费不多，没有办法去自筹。学校

尽可能地满足每个班有基本的信息设备，也会督促老师
们使用，能够落实到这些已经不容易了。

（湖南—城镇—非示范校—初中校长）

3. 信息技术的掌握难度

信息技术在提高班级教学效率的同时，也给教师的使用与掌握带来了困扰。教师掌握信息技术的消极性主要反映在两个方面。一方面是主观层面的原因，源于教师自身的畏惧感。教师们一开始就从心理上对信息技术存在抵触情绪。受到技术问题的困扰，教师对新技术有畏惧感，在这种状态下对信息技术的应用态度是能不用则不用。另一方面是客观层面的原因，源于学校信息环境的建设与技术设备的维护。在教学使用中遇到技术难题或是技术障碍，大部分教师会因为赶教学进度或者自身能力有限而选择放弃使用。

T3：传统的那些（已有的信息技术设备）足够支撑我的教学，如果硬要使用（新兴技术），也只是应付上面的检查。我的教学应该是将经验内容放在第一位，而不是搞那些花哨的东西。我们学校也没有引入新技术设备，XXX校已经有了，听老师们说也是锁在实验室，很少使用。

（湖南—城镇—非示范校—小学教师）

T31：使用技术太麻烦了，也浪费时间。我们身上的升学压力很大，焦虑学生的成绩都来不及，根本没有多余的心思来学习如何使用这些技术，更不要说在教学中应用了。

（云南—城镇—非示范校—高中教师）

T14：学校设备经常出问题。我还是参加了培训的，

但是很多问题确实没办法解决。特别是正在上课时出问题，我不可能停下来不上课去检查设备。

（湖南—都市—示范校—初中教师）

T16：还是很兴奋学校引进了这些先进技术设备。但是这些新技术，除了我们信息老师，其他人还是搞不太明白，也不太敢用……我参加过培训，但是真落实到自己实际操作还是不一样。如果上课用，我更紧张，可能影响教学。

（湖南—都市—示范校—高中校信息中心主任）

这些访谈内容也印证了前文的两项调研。第一，根据《教师信息化教学现状调查》显示，45.2% 的教师认为在上课时多媒体教学设备经常出故障，51.7% 的教师认为技术故障通常会使其课堂教学无法继续。原本学习这些信息技术会花费教师和学生的大量精力，而处理这些设备故障也会花费许多时间，导致教学效果不太理想。第二，《中小学校信息技术投入与应用的调查》表明，学校对人工智能类新兴技术投入明显不足。信息技术还并未向智能化方面普及，所以未来教育的进步更需要技术与班级教学的融合，包括新兴的技术。教育工作者的态度如下：

T5：会从教育辅助方面考虑智能机器人的使用，特别是对教师的一些繁复机械类工作的取缔，这样老师们就更能把时间花在怎么上好课上面。

（山东—都市—非示范校—校长）

T8：教育中使用一切技术的目标都是更好地进行教学，培养人才，促进学生更加积极、更加健康、更加全面的发展。技术的运用是为了搭建一个更为丰富多彩的教学平台，班级组织形式的更新也是为了丰富教学的样态和形式。

（云南—都市—教育技术装备中心—教研员）

T14：信息技术能更有效地将学生各项能力的培养渗透到具体教学环节中。在技术运用过程中，注重对学生的知识迁移能力、分析和解决问题的能力、正确理解和评价信息的能力，以及信息创造能力的培养。班级组织形式更利于我们把握住培养人才的目的，因为班级的组织形式对于掌握学生学情更为合理。如此方能真正地实现技术教育应用的目标，提升教育的有用性和实效性。

（湖南—都市—示范校—初中教师）

这表明，在技术的支持、作用、影响下，班级组织形式的教学更加全面、生动、丰富。技术进入班级，不仅仅涉及教学手段的变化、教育理念的变化、课程结构的变化，甚至涉及教育目标的改变。因此为了实现技术教育应用的发展去支持或是服务班级组织形式教育效率的提高，在当前及未来更加需要技术和班级组织形式的共同作用。由此，教育的发展需要信息技术与班级组织形式的深度融合。

三、信息技术教育应用的问题及其原因

通过对"教师信息化教学现状调查"和"中小学校信息技术投入与应用的调查"这两项进行调研，结合非结构性访谈的调查内容进行整理，从实证的角度发现信息技术在班级组织形式中的教学应用存在"滞后"问题，研究将其整理为技术吸纳的制约作用、技术应用的路径依赖和技术的异化影响三个方面。

（一）技术吸纳的制约作用

学校开展教育信息化工作，具体的应用和承载单位是班级。

学校也常常基于一个教学单位的投入与成本对学校的信息化推进工作进行分析。学校中的基本教学单位也是班级。即是满足在一个班级内的常规教学中，应用信息技术所需的条件，就是学校教育信息化最小的成本。[1] 这里讨论的中小学校教育信息化最小成本是指学校开展教育信息化应用研究所需的最低成本。这个最小成本也有它的适当结构。在表 4－17 中，通过将每个学校总人数除以班级个数，核算出班级平均人数。然后将运营成本与班级人数作相关分析，发现显著性差异值 = 0.016 < 0.05，说明运营成本与班级人数成正相关，皮尔逊相关系数为 0.227，也意味着随着班级规模的扩大，运营成本也会越大。研究只是计算了班级规模与运营成本之间的正相关性，并没有对班级的边际成本进行核算。

表 4－17　运营成本的相关性

题项内容		数值
运营成本	皮尔逊相关性 r 值	0.277[1]
	皮尔逊相关性 P 值	0.016

注：①在 0.05 级别（双尾），相关性显著。

为了清楚地了解每个班级运营成本的模式，本书通过问卷数据核算每个学校的运营成本，详见表 4－18。首先，用每位老师工资乘以一个班级的教师人数，得出单位班级教师人力成本。其次，再将单位班级教师人力成本与单位教学班级中教育信息化投入费用相加，就可得到 75 个学校的单位班级运营成本。这些费用包括单位班级移动教学装备投入、单位班级多媒体设备投入、单位班级交互设备投入、单位班级简易多媒体投入、单位班级电视机与

---

① 郭莉. 中小学教育信息化成本效益探讨 [D]. 南京：南京师范大学，2005：166－171.

DVD 投入、单位班级人工智能设备投入、单位班级教研活动投入、单位班级设备维护投入和单位班级座椅黑板粉笔投入。最后，将 75 个学校的单位班级运营成本求平均，就可以得到平均每个班级的运营成本。由此发现：一是平均一个教学班，需要 4 位教师，政府财政给教师平均工资为 6 296 元。二是通过计算每个学校每个班级的运营成本可得，平均每个班级的运营成本为 6.07 万元。其中有学校单位班级投入高达 14.5 万元，也有学校单位班级最低投入只有 3.3 万元，差异巨大，说明教育的信息化过程存在着巨大的不均衡。三是计算一个班级的整体运营成本，了解整个班级与信息技术相关的成本，在班级中技术应用成本占比不超过 20%。至少说明信息技术对班级的支持有限。这并不是技术不够先进，也进一步说明先进的新技术并没有进入班级。

因此，一方面，新的技术进入班级的另一个条件是降低成本。例如，即使每两个学生使用一台低价的微型计算机，这笔费用也是很可观的。技术要进入班级组织形式的课堂，只有在技术成本非常低的情况下，才有可能实现。班级组织自身的成本控制决定了它吸纳技术的限度。另一方面，除了成本控制问题外，从经济学的角度来看，信息技术教育应用的路径依赖造成了信息技术对班级的支持有限；从教育学来看，技术与班级组织形式之间并非存在天然的亲和性。

表 4 – 18   每个班级运营成本   单位：万元

项目	数值
平均	6.07
标准误差	0.28
中位数	5.10
众数	4.30

续表

项目	数值
标准差	2.44
方差	5.85
峰度	2.13
偏度	1.61
区域	11.20
最小值	3.30
最大值	14.50
求和	455.45

（二）技术应用的路径依赖

根据调查，我们发现，新技术在班级中遇到壁垒，源于两方面的因素。一方面，旧有信息技术已经普遍支持班级组织形式的教学，教师们在已经适应的环境中去接受新的改变需要时间。经由两项问卷调研发现，这些学校与信息化相关的投入占运营成本的比重较大，数据详见表4-19。平均每个教学班级中，教育信息化投入高达约6.8万元（详见《中小学校信息技术投入与应用的调查》），大部分教师已经适应在班级教学中使用信息技术，而且有部分教师对信息技术的依赖较强。

表4-19　单位班级信息化投入情况　　　单位：万元

题项内容	平均移动教学	平均多媒体	平均交互	平均简易多媒体	电视机与DVD	人工智能	求和
平均值	0.8252	2.5275	2.1361	0.9425	0.2031	0.1813	6.8157

在班级组织形式的教学中，大部分教师有了使用信息技术的习惯。访谈中有教师表示，习惯从网络上直接复制、下载教学资

料，认为如教习网、学科网所提供的课件和教案比教师自己设计的好很多，方便直接用于课堂教学。一来是真的对学生有利，二来很省事。通过培训，教师具有了较高的信息化素养。信息技术凭借这些先占的优势地位，在班级组织形式中形成了良性循环。因此，新兴的技术或是更优的技术在教师们已经形成使用惯性之后，晚一步进入班级组织形式中，就有被束之高阁的危险甚至被教师排斥。即使教师们已产生信息技术应用的路径依赖，对信息技术的使用优势自我强化，但他们对新兴技术的接受并不理想。也由此发现，路径依赖形成的深层次原因就是利益因素。班级组织形式存在着自身利益的博弈，即技术的成本与班级组织的边界两者间的内部融合较量。因此，尽管新兴技术可能比现有的信息技术更能提高教学效率，但大部分教师对已有信息技术在班级组织形式中的使用已有依赖，而使得班级组织形式对技术的吸纳有限。

另一方面，已有信息技术对人具有强迫、控制的作用。信息技术重新塑造了传统的班级组织形式的教学时空，教育时空已被扩大，现有扩大限度已经能够满足教师使用。调研表明，最明显的就是师生能够使用信息技术随时随地教和学。师生已经习惯信息技术在教学中的渗透。一旦新兴的技术进入班级组织形式中，从使用惯性来看，教师对新技术的不适应，势必会产生反被技术控制的可能。因为教师要准确无误地应用新技术，一定要先学会其基本的理论知识及使用技巧。但是已存在部分教师对旧有信息技术的排斥和敷衍，新技术的再次引入未必会得到教师们的拥护。所以，从表面上看好像是新兴技术具有吸引力，但实际上是技术本身的发展与班级组织形式对其的吸纳和应用不同步。这样的不同步既增加了在班级教学中对新技术引入的负担，又反过来强化了教师对旧有信息技术的使用依赖。

（三）技术的异化影响

信息技术给班级组织的教学带来了更大的自由，但同时也使教学过程陷入了新的异化之中。这里的异化是哲学中的概念，指人的生产及其产品反过来统治人的一种社会现象。[①] 异化概念所反映的，是人类的生产活动及其产品反对人们自己的特殊性质和特殊关系。在异化活动中，人的能动性丧失了，遭到异己的物质力量或精神力量的奴役，从而使人的个性不能全面发展，只能片面发展，甚至畸形发展。由此来看，信息技术成为了教学中与人相异的力量。从调研可以发现，借助信息技术的班级组织形式已获得了更大自由。有部分教师指出，因为信息技术提高了教学效率，将原本要花费在找资料上面的大量时间缩短了，教师有更多的自由时间来思考如何更好的教学。这说明，信息技术充当了直接发掘教学资源的手段，使教师从束缚中解放出来，有了从事更具意义的教学工作的自由机会。一般认为，教学过程包括教师、学生、教学信息、教学媒体四个要素。[②] 当一项新的技术引入教育领域时，首先改变了教学媒体，进而影响了教师和学生，又因为媒体和信息具有高度的相关性，教学信息也将随之而变。在这个意义上，教学过程中教师的真正自由和解放取决于信息技术。如果没有信息技术的支持，教师就只能局限于简单信息收集者的地位。信息技术使得教师在摆脱体力劳动之后，也从枯燥重复的脑力劳动中解放出来。

但是，教育过程本身蕴含社会化的关系问题，教师、学生、教学信息、教学媒体四个要素因为信息技术的介入，从直接关系

[①]　陈胜前. 人之追问 [M]. 北京：生活·读书·新知三联书店，2019：20.
[②]　王忠政. 信息技术与地方高校本科教学深度融合的研究 [M]. 广州：暨南大学出版社，2016：68.

变成有区隔的间接关系，师生的交互方式异化。信息技术介入之前，教师面对班级组织形式中顺次和秩序稳定的班级学生，是直接的"人—人"二维交互关系。信息技术介入之后，师生的交流变成"人—机—人"的模式。事实上，信息技术成为中间区隔因素，使教师、学生、教学信息、教学媒体之间产生反馈迟滞的效应，造成教学效果的直接性成为间接性。即信息技术将班级组织形式的教学过程异化，进而影响各个要素之间的关系和作用方式，对原有的整个教学过程中的稳定结构产生影响，引发教学模式相应的改变与重构。

另外，现有信息技术对教师的解放处于"自由"的初级阶段。而当前因为经济成本过高和部分教师对已有技术的路径依赖，新兴技术又难以进入班级组织形式，无法实现新兴技术为教师提供更大的自由的目标。或者这样理解，对于班级组织形式中的人而言，工具时期技术对班级的支持是使大量的人接受得起教育；而当前信息技术对班级组织形式的支持，是通过"去肉体化"和信息化，使人从"现实的人"变成"虚拟的人"，从"物质人"变成"信息人"。人整体性地进入数字化的信息世界，成为一种信息存在，成为自由的人。那么，信息技术对班级组织形式的延伸就蕴含着"信息技术与人"的这层重要关系。这是以往班级组织形式中不会出现的新问题。未来技术对班级组织形式的支持，除了对形式本身规模的再度扩大化、便捷化之外，还需要考虑技术支持的班级组织形式中"人"的信息化延伸这个要素。

因此，经由调研而需要思考的问题有三：其一，班级组织形式对技术的吸纳问题。其二，信息技术对班级教学产生的区隔、迟滞问题。其三，班级组织形式中人的问题，即异化的问题。而分析解决这些问题，将使双方的关系朝着一个更为根本的指向：

信息技术与班级组织形式的深度融合发展。信息技术与班级组织形式"依据什么融合""如何融合""怎样推进融合"是通过实证资料分析后，需要进一步思考的方面。

从前文的研究发现，当前信息技术本身突飞猛进，但班级对信息技术的吸纳速度，并非与信息技术本身的进步速度相同。而基于实证调查得来的资料，一来证实了这种技术进步与班级组织形式吸纳技术不同步，是一个着实存在的真问题；二来为后续深入研究提供数据上的支撑。并且实证调查的资料说明了这种非同步的原因有三个方面。第一，班级建制自身的成本控制决定了它吸纳技术的限度。第二，教师对应用于班级的已有信息技术存在路径依赖。第三，技术本身蕴含了一种异化人性的风险，而传统的班级组织形式对此有一定程度的抵制。教育的发展需要信息技术与班级组织形式的深度融合。因此，深度融合是通过实证资料分析后需要再度探究的方向。二者如何实现融合，将是本书最终想要解决的问题。

第五章　类型化班级：班级组织的可然形态

面向未来的研究有两种方式，一种研究方式是从应然的角度，分析未来应该怎么样，从应然的角度提出一种理论思考模式。另一种研究方式是从实然的角度，预测未来的发展方向、应对的路径措施。[①] 本书采用第一种研究方式，并同时结合从古至今技术对班级组织形式影响的实证调查的结果，思考技术与班级组织形式的未来走向。以德国社会学家马克斯·韦伯理念类型理论对教育研究的启示为方法论，以"类型化班级"来解决未来技术与班级组织形式融合的难题。因此，本章的内容，不只是对未来信息技术与班级组织形式互动模式的分析，更是探讨直达根本性的问题："如何思考未来信息技术与班级组织形式的融合"。所以，需要进一步追问三个问题。第一，信息技术与班级的融合趋势是什么，两者融合是按照怎样的逻辑在推进？第二，融合的边界在何处，是否会出现阻滞？第三，促进两

---

① 张继泽. 未来研究学 [M]. 贵阳：贵州人民出版社，2006：48－50.

者融合，还应该有什么样的改进措施？

一、类型化班级：理念类型理论的教育研究的启示

思考在技术影响下班级组织形式的走向，以及信息技术与班级组织形式未来融合的情况，需要从原有的班级概念框架中，进一步扩展出类型化的班级。从应然的角度，回答支撑技术与班级未来互动的思维模式。即思考未来技术与班级融合的理论依据。

（一）类型化班级组织的方法论

传统的认知结构的出发点是对研究对象进行概念化把握。因此，从传统认知结构看，对班级与技术互动机制研究的前提是从概念上把握班级。依据传统概念化、典型化对班级的定义，一种教育组织形式要么是班级，要么不是班级。但是，德国著名社会学家、理解社会学的奠基人马克斯·韦伯发现，当我们需要把握处于历史流变中的对象时，概念化思维并不完美，类型化思维则为一种可替代的方案。即在信息技术的影响下，未来需要一种教育组织形式或者更接近班级的理念类型，或者偏离班级的理念类型。马克斯·韦伯所提出的"理念类型"（ideal type）[1] 这一重要的理论，可以引入班级与技术互动机制的研究。这一理念将成为本书思考未来类型化班级的依据。

马克斯·韦伯认为"理念"这一概念，并不是对社会现象的说明，理念是面对实际情况的标准。理念状态本身只是"工具"、

---

[1] 理念类型"ideal type"，旧译"理想类型"。这是马克斯·韦伯（Max Weber）在研究新教伦理和资本主义精神时采用的一种概念分析工具。他认为，在作社会学理解和解释时，社会学家首先都要假定，如果人是非常理性不为错误或情感因素所影响的话，人类会以何种方式行动。在这种情况下所建构出来的严格的目的理性式的行动，对社会学来说，基于它明确的可理解性和清晰度可作为类型，这种类型就是韦伯采用的理念类型。

"思想"，或"理念状态的基本概念"，是对现实进行清楚分析的工具。[1] 韦伯对理念类型的定义如下：

> 通过单方面地突出一个或更多的观点，通过综合许多弥漫的、无联系的，或多或少存在、偶尔又不存在的具体的个别现象而形成的，这些现象根据那些被单方面强调的观点而被整理成一个统一的分析结构。[2]

由此可见，第一，理念类型是研究者从某种特定视域出发，对现实世界的某些因素，并非全部因素，进行综合概括后，加以强调或突出，使之抽象化的结果。第二，理念类型是主观思维的产物，理念类型的概念首先是一种思维的建构，它不但指一个分析概念，同时也是指建立"概念"与"概念"之间关系的方法。第三，作为概念上的纯净体，理念类型是社会学方法论的精髓。[3] 理念类型中的类型并非通常意义上讲的一般类型。其不把具有共通性的行动看作类型，而在于确定某种行为的逻辑所要求的那些独特的因素，这种因素是为现实包含的意向所必需的行动的理念模式。[4] 第四，理念类型不是要描述事物所是的样子，而是其所可能的样子。由此，"理念"表示某种现象接近于典型的、概念的，又不以纯粹形态存在于现实中。

另外，帕森斯也认为理念类型是创造的、纯思维的形成物，是分析现象和理解构想的一种理论模式。[5] 理念类型能对经验现实

---

[1] Stanford Encyclopedia of Philosophy. Max Weber [EB/OL]. 2020 – 11 – 20. https：//plato. stanford. edu/entries/weber/.

[2] 马克斯·韦伯. 社会科学方法论 [M]. 李红文，等译. 北京：中国人民大学出版社，1992：85.

[3] 张广智，张广勇. 史学：文化中的文化——西方史学文化的历程 [M]. 上海：上海社会科学院出版社，2013：276.

[4] 王养冲. 西方近代社会学思想的演进 [M]. 上海：华东师范大学出版社，1990：200.

[5] 李强. 自由主义 [M]. 北京：中国社会科学出版社，1998：146.

和理念化的形式进行比较，能确定经验现实与理念形式的相对差异或相似的原因。① 那么，我们可以用韦伯提出的理念类型，来衡量当前信息技术支持的班级的实际情况，用以区别概念化的典型班级与理念类型的非典型班级。正如韦伯所秉持的，由于社会现象的复杂性、历史性和独特性，在考虑方法问题时可以通过所关心的意向的帮助，来构建可能的理念类型去理解一种社会事实的真相。②

（二）典型班级组织的要素

按照概念思维模式，在研究技术与班级互动机制时，我们首先要定义班级概念，据此判断一种事物是班级，抑或不是班级？本书将概念化的班级描述对象划定在应用传统班级组织形式的典型班级范围内。前文已从时间、空间和人际交互三个维度完成了对"班级"的概念化分析。也对班级形态的内在属性进行了分析，并从历时态角度观察其发展。可知，首先，作为组织形式的班级是为解决教育人际交往的空间难题而被人为创造出来的。班级组织形式的本质是具有特定时空限制的"一对多"教学体系。班级是最能体现学校特征的组织形态，其空间构造、时间构造、人际构造促进班级教学的稳定。其次，班级是教育的团体组织化形式，兼具社会性和团体性。作为教学组织形式的班级具有团体性，是学校教育中最为基础的教学单位，对实现人类教育的代际传递理想具有稳定的保障作用。同样重要的是，班级组织形式中涉及的人际交往空间，实际是由教学中教师和学生的不同角色交互的关

① 达尼洛·马尔图切利. 现代性社会学：二十世纪的历程 [M]. 姜志辉，译. 南京：译林出版社，2007：162.

② Weber, M. Econom and Society [M]. Berkeley, CA: University of California, 1978: 5–12.

系所搭建的。其中涉及教育人际的交互规范性、连续性、系统性，也同样作用于班级教学本身，使其具有保障教育代际传递的功能。

所以，分析班级组织形式的概念化、典型化的要素，以此明确作为未来研究方法论的理念类型班级的形态。从前文已完成的对概念化、典型化班级分析中可知：

第一，班级具有团体意义。团体的教育生活，经过有效的组织，才能达成教育目标。班级就是这个有效的组织形式，因为班级团体是一种旨在实现教育目标的人的组织，是具有强制性的团体。纵观其发展历史，班级既是社会组织，也是社会团体，更是教育的共同体。班级承载教育活动，反映教学生活，也涉及两者之间的社会关系。而参与班级活动中的个体，以教育目的、目标、价值、规范为中心产生交互行为，个体之间的交互具有集体性。

第二，班级具有组织过程。班级中的人际关系涉及班级组织的结构特征，教师和学生被赋予不同的角色。在传统的班级组织形式中，教师具有不容置疑的权威，处于教育的主导地位；而学生则主要被当作被动接受教育、接受知识的人。但在当代班级组织形式中，学生的主体地位受到重视，也成为主动的知识建构者。

第三，班级具有秩序性质。班级是学校教育教学的最小细胞。班级具有社会组织的共有属性，不同的是班级所服从的是教育的管理体系，既有组织的系统目标，也有固定的机制与规范。

因此，传统概念化、典型化的班级包含团体意义、组织过程、秩序性质三个要素。通过实证研究发现，班级组织形式对信息技术的吸纳速度并非与技术本身的进步速度相同。其原因在于班级自身的成本控制和其对技术异化人性风险的抵制。所以，传统概念化、典型化班级在信息技术影响下需要进一步发展。

（三）类型化班级的理论描述

让我们以马克斯·韦伯的"理念类型"为方法论，来观察班级教学中的班级组织形式。在当前信息技术变革的影响下，班级教学中的班级组织形式，或是理念类型的班级形态，难以用一个固定概念去描述。假设，仍然沿用传统的典型化班级概念来定义它，一则可能导致理念类型班级与典型班级之间缺乏区分度。现实中的"班级"，可能难以精确地与此前概念化班级中的任何一个概念完全对应。二则，容易笼统地加以界定或是批判。引出理念类型的方法论，有利于探索技术变革作用下班级可能形成的方向，更接近本真的教育现实。在此基础上，更易找到随时代变化、社会发展、教育改革、技术变革所需求的班级组织形式的未来形态。

因此，提取传统班级属性中团体意义、组织过程、秩序性质三个方面的因素，去描述理念类型的班级。对其中的因素影响因子加以分析，找出其区别于传统典型班级的要素。其一，团体意义逐步稀薄。其表现为目前已经出现的班级在线化模式与现实需求之间的矛盾，以及碎片化的在线学习形态与以学历教学为主的学校课堂教学形态之间的矛盾。其二，组织过程渐趋稀薄。其表现为传统班级组织形式服从学校、班级的固定教学计划安排与未来数字化环境为学习者提供的兴趣化、个性化定制学习服务之间的矛盾。其三，秩序性质日益稀薄。其表现为基于班级组织形式的班级教学遵循同一的教学目标、教学时间、教学内容和制度与在线学习、智慧学习所强调的随时随地学习任何知识之间的矛盾。

因此，理念类型的班级不仅要以有力保障的组织形式，实现知识能力的教授和目标价值的梳理；更要关注现实中与虚拟情境中学生情感、态度和价值观的养成。即需要这样一种既具有传统班级要素，又能够适应未来教育变革的"类型化班级"。既要对班级进行类型化把握，又要确定理念类型意义上班级蕴含的核心要素。这样就形成了一种新的思考模式：班级的理念类型，是一种教育组织形式或者更接近班级的理念类型，或者更偏离班级的理念类型。一旦将班级理念类型化，便拥有了"类型化班级"这个非常具有弹性的思想工具，以此解决技术与班级组织形式的融合难题。

二、以"类型化班级"回应技术与班级融合的边界难题

教育中的确包含着这样两种经济关系：控制交易成本，形成相应的制度和组织——班级；制度和组织的反作用限制和约束支持教育的形式、方式和契约的选择——技术。技术和班级组织形式不同于通常的经济手段与经济组织，技术教育应用需要通过什么方式提供经济性的保障，取决教育这种服务的性质和不同时期的教学组织形式选择。根据前文的历史审视与实证研究发现，班级组织形式对信息技术的吸纳不是无限的。因此，技术教育应用也必须符合教育经济性的需要。

（一）教育的交易性与技术的成本

1. 教育的成本结构

教育成本的概念是伴随教育经济学的产生而出现的。对此我们不仅要计量教育的直接成本，而且要计量教育的间接成本，即教育成本的内涵是使接受教育者接受教育而耗费的资源价值。[1] 教育成本包括直接成本与间接成本。直接成本指学校提供教育服务的成本，包括学生因上学而发生的支出；间接成本主要是学生上

---

① John vaizey. The Cost of Education [M]. London：Allen and Unwin, 1958：256.

学放弃的收入、学校享受的减免税款以及用于教育的土地建筑物等资产损失的利息和租金。① 广义的教育成本为完成某一教育的学校与学生各种耗费的总和。② 狭义的教育成本是指学校在教育过程中所耗费的物化劳动和活劳动的价值形式总和，即学校为培养学生所支付的费用总和，不包括社会和个人投资于教育丧失的机会成本，也不包括学校发生的与培养学生无关的支出。③

本书所指的是狭义的教育成本，相当于广义的教育成本的第一方面。即学校为培养一定数量和层次的学生所支出的一切开支和费用。教育成本会以价格的形式表现出来，成本是商品经济的价值范畴，是商品价值的组成部分。人类在进行生产经营活动或为了达到一定目的时，就必须耗费一定的资源，其所费资源的货币表现就是成本。④ 教育成本是培养学生所耗费的全部费用，也就是各级各类学校的在校学生在学校求学期间所消耗的各种劳动的综合。⑤ 其指从事教育活动所耗费的社会资源的总集合。⑥ 因而教育成本不可能是无限的。例如，要学习英语，不可能把每一位学习者都直接送到具有英语语言环境的国家。因为这其中涉及巨大的教育成本，很少有家庭能够支付得起这样的费用。所以，教育的成本是有限的，不可能进行无限的投入。

与教育的成本相对应的是教育的收益。一方面，要考虑一定

① 吴明芳. 高等教育成本核算探析 [J]. 会计之友（上旬刊），2008（5）：52–53.
② E. 科恩. 教育经济学 [M]. 王玉崑，陈国良，李超，译. 上海：华东师范大学出版社，1989：55–79.
③ 李卓. 改革与发展：学前教育若干热点问题研究 [M]. 沈阳：辽宁人民出版社，2018：136.
④ 钱洪祥. 目标成本管理在企业经济管理中的作用分析 [J]. 商场现代化，2020（1）：101–102.
⑤ 吕春莹，李扬. 高校教育成本探析 [J]. 科技咨询导报，2007（29）：235.
⑥ 曾嘉，黄荣晓. 教育经济与管理 [M]. 北京：光明日报出版社，2016：105.

的教育成本投入能否得到较高质量的教育收益，没有质量就无从判断教育效率的高低。所以，在判断教育效率时，实际涉及的是教育成本和教育收益。教育效率是教育成本与教育收益的对比关系，即教育成本和教育收益比。教育的效率等于教育收益与教育成本的比例，教育收益是分子，教育成本是分母。教育效率与教育成本呈反比关系，提高教育成本，意味降低教育效率；降低教育效率，就必须提高教育成本。根据对教育成本和教育效率的分析，尤其是对影响教育效率因素的分析，发现物化的硬件技术设备、投入的数量与质量等，这些都是直接或间接制约教育效率的因素。

2. 教育的交易性

交易是物质或者服务从一个人或者组织转移到另一个人或者组织。① 思考教育效率之所以要溯源教育交易，第一，教育交易就是教育活动中组织与组织、个人与个人之间的权利交换关系，是国家、教育机构、社区、教育机构的经营管理者、学校、教职员工以及学生、家长等与教育活动有关的组织、个人之间合约的缔结履行过程，其本质是产权的交易。② 教育交易成本是教育活动中拥有不同投入要素产权的组织、个人之间进行产权交易而产生的成本，或者可以理解为参与教育活动的各产权主体缔结、履行合约过程中所发生的成本。③ 教育从产生起就具有交易性，交易存在于教育的各个层面和环节。这种交易发生在师生之间，早期社会的这种交易是教师为学生提供教育服务，学生为教师提供生活必

---

① 约翰·R. 康芒斯. 资本主义的法律基础 ［M］. 秦勉成，译. 北京：商务印书馆，2017：87－88.
② 徐文. 教育产权论 ［D］. 武汉：华中师范大学，2004.
③ 鞠光宇. 营利性高等教育组织办学模式研究 ［D］. 北京：中国人民大学，2008.

需品。①自然经济条件下其表现形式为生活用品，商品经济条件下其表现形式为货币。

第二，教育效率是技术的直接作用结果。教育是团体的活动，教育中的人必须身处团体生活中才有制度的需要。技术在班级组织形式中实现的教育效率是考虑教育交易性的核心。技术这一要素的变化，必然影响班级教学这另一要素的变化。

第三，班级组织形式的变迁是宏观的变迁，但微观上就是教育服务的交易方式、交易的类型、契约选择的变化。社会中最深刻的变化莫过于交易方式的变化，组织的变化、制度的变化也是从交易方式的变化、契约选择的变化开始的。因此，班级组织形式的变化，反过来也会导致教育服务的改变。即组织制度的变化反过来会导致交易方式的改变。②

3. 班级运营的成本

研究技术在班级组织形式中的应用，最后的落脚点在于班级教学，在于找准未来班级教学与技术融合的边界。第四章涉及的《中小学学校信息技术投入与应用的调查》主要调查中小学学校信息技术的投入，主要是限定在学校层面可作货币成本测算的投入。③按照教育信息化成本概念体系的理论和教育的交易性来看，学校信息技术的投入也是支持技术教育应用可持续发展的方式。考察已投入信息技术的使用范围、利用效率等，有助于找出技术在班级组织形式中的存在根本和未来发展空间。而技术教育应用的成本可分为三个层次，即会计成本、标准成本、决策分析成本。④

---

① 向志强. 试论学校教育的交易性 [J]. 江西财经大学学报，2003（1）：109－111.
② 张五常. 经济解释 [M]. 北京：商务印书馆，2001：468－470.
③ 系本章前述所呈现的实证研究。
④ 袁连生. 教育成本计量探讨 [M]. 北京：北京师范大学出版社，2000：5－16.

按照以上理论的指引，本书重点了解会计成本中学校和教职员有关技术的财务投入。在学校教育实践中，硬件、软件、学习资源和教职员的培训等组成投入的各要素。对学校一个教学单位的投入与成本的分析发现，一个班级的整体运营成本中与信息技术相关的成本，在班级技术应用成本中占比不超过20%。这至少说明信息技术对班级组织形式的支持有限，先进的技术并没有进入班级。另外，班级自身的成本控制决定了它吸纳新兴技术的限度。从经济学角度看，班级本身就具有一个"技术边际效用"递减的规律。现有的班级无法吸纳新兴技术投入。

那么，班级组织形式的发展方向是成为一种类型化班级，这种类型化班级一定能够容纳在班级中对信息技术的投入。必须使得新的技术进入类型化班级的成本降低。当技术的边际效用下降，使得类型化班级的总效用下降，技术进入班级教学，才有可能实现。

（二）班级组织的边界性

从教育的发展历程分析，每一时期的技术、教学组织形式都与该时期的政治、经济、科学发展水平相适应。教育史上出现过多种对教学组织形式的探索，如选择年长学生帮助教师教其他学生的贝尔——兰卡斯特制，倡导学生独立活动的道尔顿制，主张教学个别化的文纳特卡制，等等。但是，随着人类社会和教育的发展，班级教学的组织形式最终得以采纳并被普遍使用，这有其内在的原因。尽管各国所处的社会经济关系不同、教育实践不同，但班级教学是目前世界上普遍采用的教学组织形式。究其根本原因，需要思考班级组织形式的本质。

1. 班级组织与教育成本

从经济学的角度来看，教育交易主要通过学校组织完成。其参与主体为教师、学生及其家庭。一则，站在学生的角度，假设没有学校的组织形式，学生就要直接与教师进行教育交易，即学生直接向教师购买教育内容，甚至是以课时为单位的购买，如家庭教师与学生的教育交易关系。但是，当代社会是分工细化的，如果不在学校组织内的学生需要购买课程，就必须面向多位教师。因此，他们购买教育服务的交易成本较大，同时无法得到对教育质量的保证。二则，教师的教育服务通过两种形式完成，直接的生产出售与通过组织的生产出售，后者是学校形成的基础。

所以，为了节约教育成本，现在多采取以学校组织的形式提供教育服务。又因班级是学校组织结构的基本要素，班级与学校的关系，在教育系统结构中对应着个体与整体的关系，所以班级是学校组织的基本单位，学校执行教育、教学的总体指导思想、任务、计划、措施都是通过班级落实的。教育具体的交易关系都通过学校、班级组织的形式完成。因此，班级组织的本质是承载教育交易的最小单位，从经济学的角度来看，班级保证教育交易的完成。

以班级组织形式提供教育服务，也是节约教育成本的需要。学校组织也是节约教育成本的技术选择。用学校这种组织形式向学生提供教育服务，可以形成规模经济，取得规模效益。通过班级组织形式进行教学，可以充分利用教师的教育教学劳动，减少雇用教师的数量，降低学生雇用教师的成本。同样，采用班级组织进行教学的学校有较多的班级，可以使技术得到充分利用，降低学校对技术的投入成本。那么，类型化班级一定是有较多数量的班级，一则以此降低成本投入，二则进一步减少人力的成本投入。

2. 班级组织的边际成本递减

班级组织的边界分为三种：物理边界、知识边界以及社会边界。①

———————

① 杨清. 中美课堂"问题行为学生"比较研究：兼论课堂教学实现学生社会化的困境与出路 [M]. 北京：知识产权出版社，2016：164.

物理边界可以根据班级组织形式的时空界限来衡量。班级组织形式通过特定的教育活动的时间和空间完成。其主要发生地点为教室这种相对集中、客观存在的空间上，不受主观意志控制。知识边界是在班级教学中完成课程知识与非课程知识间的界限。社会边界则是对参与班级教学的活动者的界限。赫尼斯将这种边界限定在教育者与受教育者之间。[①] 物理边界和知识边界属于外部边界，社会边界属于内部边界。本书的研究重心主要在班级组织的社会边界方面。

班级作为组织的边界是有形的和可见的。班级的边界是由参与班级教学的人与外部的活动所决定的。由此，班级的边界涉及班级组织与外部环境进行各种要素交换的规定、程序、方法、制度、标准等。外部环境向班级输入的各种要素通过规定、程序、方法、制度、标准等组成的边界进入班级内部。同样，内部向外部输出也需要经过班级的边界。组织规模是对组织的一种整体衡量，与组织规模密切相关的是组织边界。由此，班级组织的边界和班级组织的规模是一致的。稍有区别的是班级组织的规模更强调组织的产出，而班级组织的边界更强调教学活动是否在组织内进行。在一定技术条件下，随着班级建制扩充、数量增加，学校规模随之增大，其教育产出增多，学校的教育生产效率提高。其中教育服务的生产成本将下降。[②]

因学校由多个班级构成，学校组织也具有横向与纵向的边界。人类个体的教育要经历多个阶段，但多个阶段并非在同一所学校

---

① [英] 尼尔·保尔森托·赫尼斯. 组织边界管理：多元化观点 [M]. 佟博，陈树强，等译. 北京：经济管理出版社，2005：57.
② 转引自李悦. 产业经济学 [M]. 大连：东北财经大学出版社，2018：295－296. 钱德勒也指出，规模经济可以初步地界定为，当生产或经销单一产品的单一经营单位所增加的规模减少了生产或者经销的单位成本时而导致的经济。

完成，这有纵向的边界问题。其中学校提供的服务是由学校本身生产和提供的，还是向市场购买的，这涉及成本问题。同样，横向边界关乎学校提供服务的数量与种类。学校提供教育服务的量与度，培养学生的数量与效果，是学校的横向边界问题。在既定教育教学目标下，学校尽可能使教育的成本最小化；或是在既定成本基础上，追求教育教学目标的最优化。不同形式的交易对比决定学校的边界和结构，即交易费用最小的结构和规模才是最有效率的，学校组织只有拥有这样的结构时，才能有效运作下去。[①]

（三）类型化班级对教育交易成本的控制

从经济学的角度来看，班级的组织性质、组织目标、利润追求等，都关乎技术教育应用、班级组织形式的根本问题，也关乎两者互动的实质与规律。班级组织形式在教育中的有效使用，会促进教育规模经济的实现，有利于提高技术的利用率，实现教育的效率追求。类型化班级需要对教育成本进行有效的控制，发挥班级组织形式的优势。

1. 班级成本控制的机制

成本控制一般用于企业的生产经营，是企业按照既定的成本目标，对构成产品成本的一切生产成本和经营管理费用进行严格的计算、分析、调节和监督，及时发现实际成本、费用与目标的偏差，并采取有效措施，保证产品实际成本和经营管理费用被限制在预定的标准范围之内的一种管理行为。[②] 教育中的成本控制强调学校对教育成本的规划、调节，使教育成本按照预算所预期的方向发展，以保证教学和管理的行为。例如，使用物化技术的班

---

① 曹淑江. 高校后勤服务社会化改革的经济学分析 [J]. 江苏高教，2002（1）：83－87.
② 罗绍德，张珊. 成本会计 [M]. 广州：暨南大学出版社，2014：306.

级的班级建制中具有一对多的师生结构。我们作下面情况的假设。假设 A，1 位教师面对 300 名学生；假设 B，1 位教师面对 3 名学生。那么假设 A 与假设 B 的教育成本是不一样的。假设 A 中的一位教师面对着人数相对多的学生，意味着教师的成本更低；而假设 B 中的一位教师面对着人数相对少的学生，教师成本就更高。这是人际构造中的教育成本的体现。

从班级构造中物的要素来看，假设 B 中 1 位老师教 3 名学生，那么其对教室空间的需求并不高，而假设 A 中容纳 300 名学生的教育空间必然是更大的。班级构造中除物的要素之外，还有技术的要素，如对话筒的使用情况。假设 B 中教师教授的学生只有 3 名，人数少，不需要话筒就可以实现声音的自然传播。而假设 A 中，要使 300 名学生都能听清楚教师的声音，必然会使用话筒的辅助，否则难以实现教育的效率。那么，教育的成本涉及的一方面是技术的使用，另一方面是班级规模的控制。假设 B 中班级规模小，教师的人力成本较高；假设 A 中班级的规模大，则技术教育应用的成本就较高。

2. 班级成本控制的方向

教育是有成本的。传统班级组织形式的教育成本大部分来自国家预算，但国家预算有限。当前，班级组织形式对新兴技术的吸纳逐渐滞后，也涉及教育成本的问题。因为，传统班级组织形式的教学具有两层互动：一层为一位老师与多名学生之间纵向的师生交互关系；另一层为每位学生之间横向的生生交互关系。而当前，技术带来的在线化、碎片化、虚拟化等新形式，影响到传统班级组织形式早已稳定的成本控制和人际关系。由此，教育中一些新的形式，仅有班级的称谓和名号，事实上无法完全发挥班级教学应有的作用。例如，在线化模式的教学也在班级的建制之内，但其并不具有传统的班级组织形式的管理功能。但是，管理功能直接关联教育成本的控制。因此，需要通过类型化班级发挥管理功能，作用于教育效率。

未来教育成本的控制要点，在于寻求技术教育应用与类型化班级的平衡点。一方面，解决其平衡点的关键在于类型化班级的建制，即类型化班级的规模大小。50人的班级与30人的班级，或者小到由10个人组成的班级，大到能容纳300人的班级，这都是类型化班级可以实现的建制。在如此弹性化建制的班级内部，如何进行成本的平衡控制？成本控制平衡点就是类型化班级所使用的技术的成本。其中，物的成本和人的成本形成交互关系。又因教育追求一定的效率，所以其成本一定有限，由此可知班级成本一定是有限的。因此，要实现内部成本的平衡，还需要考虑类型化班级的建制大小。在明确班级建制的前提下，引入合理的新兴技术。所以，类型化班级能够突破新兴技术进入班级的"壁垒"，能够实现先进的、新兴的技术在类型化班级内因地制宜、因时制宜地使用。

3. 班级成本控制的实现路径

从经济学的角度来提高教育效率，需要考虑教育成本和收益的交易成本。技术的教育应用在于解决教育的效率问题。面临人类的教育难题，技术主要着力在提高教育效率方面。如简要比较这样一所学校中的教育交易成本：一门新增课程需要外聘教师，教师的工资开支1万元，这门课程带来的收益为100万元。假设学校不选择外聘而是自己培养一位教师，校方对这位教师的培养开支需要2万元。那么，对于学校而言，外聘教师的方式是最有利的，因为学校把教育成本放在了外部。同样，再就这个例子加以假设：该校因为这门课程形成了品牌效应，更多学生来报名就读，学校的规模扩大，外聘教师的费用上涨到 3 万元。加之，学校经核算发现虽然教育规模扩大，但是学校的收益并没有理想的增幅，反而学校内部培养一位教师的方式更为划算。由此，学校培养教师的成本就相当于把外部的采购成本变成内部的管理成本，使得教育交易成本内部化。收益的交易成本选择是学校决定交易成本大小的因素。假设例子中，外聘教师在学校规模扩大后所进行的交易会导致附加成本增加，而学校内部培养一位教师可使交易成本最小化，这就是学校将交易成本内部化的基本动机。

学校交易成本内部化的诱因是规模的扩大，即是教育的建制被调大。建制一般指某部门的机构编制系列及其组织形式。其具体涉及：层级的划分及其隶属关系，内部机构的设立与职能的确定，岗位及人员的配置，等等。① 据此，可以简单地把有关学校的建制推断为学校的编制系列及其组织形式。在学校建制中，具有年级的建制和班级的建制。班是小型建制，年级是中型建制，学校是大型建制。那么，类型化班级一定是要学校符合这个范畴，是包含大型、中型和小型三种建制的。通过类型化班级实现教育成本内部化，就是把外部的采购成本变成内部的管理成本或者运营成本。一方面，技术的引入是为了提高教育效率，技术可以实现较高的教育产出和较低的教育成本。在类型化班级中可以采用不同的、更合适的学习方法，学生可以更广泛地学习知识。这些学习方法会随着教学手段的变化而变化。教学手段来自于新兴技术的强大支持。另一方面，技术包含有昂贵的成本。任何一种技术在教育中使用，在获得产出之前，就要求先进行极其昂贵的资源投资。② 因此，教育涉

---

① 周川. 高等教育事理蠡测 [M]. 北京：中国海洋大学出版社，2009：181.
② ［英］阿特金森. 教育经济学引论 [M]. 鲍怡军，译. 上海：同济大学出版社，1991：172.

及的效率问题，即是技术和班级教学对教育效率的影响。在类型化班级中一定是用得起和有教学意义的技术被采用，而不是所有新兴技术的大杂烩。

由此，未来教育成本的控制通过类型化班级来实现。第一，教育的目的决定教育的手段、组织形式的取舍。第二，因为技术是有成本的，而教育应用又不能不计成本，所以一定是用得起的新兴技术出现在类型化班级中。第三，因为教育是大众化的过程。班级是最小的教育单位，最低的教学组织。技术是在这样的最小细胞内得到落实的。即新兴技术和教育的目标、目的统一落脚在类型化的班级中，类型化班级一定是能够向大或是向小弹性调整建制的。

三、以"类型化班级"回应技术与班级融合的异化难题

技术加持的班级组织形式可能导致教育异化。技术和班级组织形式都可以被视作服务于教育的工具。教育服务的主体是作为教育者的教师和作为受教育者的学生。原本应该是教师和学生作为教育的主体，但是教育的现实却是使教师和学生反过来，成为适应这套技术教育应用的工具。

（一）教育目的的去异化

教育的初衷是促进人类能够更好的成长。这种成长的过程是丰富和隐蔽地促进能力、智慧、精神和灵魂的良性生成与传递。"异化"是个哲学概念，马克思主义观点认为异化同于阶级产生，是人的物质生产与精神生产及其产品变成异己力量，反过来统治人的一种社会现象。[①] 私有制是异化的主要根源，社会分工固定化

---

① ［美］威廉·F. 劳黑德. 哲学的历程：西方哲学历史导论 ［M］. 郭立东，丁三东，译. 北京：中国轻工业出版社，2017：453 –455.

是私有制异化的反应。从马克思主义的异化观可以看出异化的本质在于导致人的能动性丧失，因受异己物质或精神奴役，人的个性无法全面发展抑或畸形发展。① 由此，说明异化与物化有关却不等于对象化与物化。因为，对象化与物化作为人的社会活动，将与人类社会一起长存，而异化活动则是短时期的历史现象，随着私有制和阶级的消亡以及僵化的社会分工的最终消灭，异化必将在社会历史上绝迹。② 换而言之，"异化"是指人类个体将其主体性的力量转化为与其对立或者支配、奴役自身的力量。

如果技术与班级面向教学的目的一如既往地同为提高教育效率，那么就不会产生教育异化的问题。一旦学生和教师的主体性缺失，服务于教育的初衷改变，变成去迎合技术，那么教育就形成异化。例如，使用计算机辅助化学实验课的教学，教师使用计算机备课或是课堂实践，是希望通过具象化的教学呈现、丰富的教学内容提供，来提高教育效率。其中教师是具有主体性的，计算机具有工具性的辅助作用。假设老师为掌握计算机技术而花费更多时间，导致正常用于教授化学实验的时间减少，那么这就是典型的教育异化。这其中仍然涉及成本比例的问题，即是用技术加持班级的时候，掌握技术是需要时间成本的，当时间成本超出人类通过技术所获得的收益的时候，人类就被技术异化。

另一种情况，班级组织形式的教学是为实现教育的目的服务的。但是加入技术这一客体要素后，随着技术的狂飙式发展，班级组织形式逐渐为技术所同化。这同理于马克思的劳动异化，其强调本来

① 郑晓溪，郝姝媛，史健楠，等. 浅谈数字时代下异化的人的心理机制 [J]. 佳木斯教育学院学报，2011 (8)：3-4.
② George Ritzer. Contemporary Sociological Theory and Its Classical Roots：the basics [M]. Jeffrey Stepnisky McGraw-Hill，2013：23-25.

工人劳动是为了实现自我，但劳动之后反而把自己下降为机器的地步。同样，如果技术加持的班级教学的本来目的是培养人性，但是最后变成人性的发展来配合班级中的技术应用，或是人性配合技术教育应用，人类就沦为服从技术的工具。例如，因为使用者对技术的狂热推崇，使得人自身的美德被屈就，必须服从数字网络这套形式，甚至丧失人的本性，导致人无法实现或是享受教育。因此，教育目的的去异化一定是类型化班级的教学首先需要关注的。

（二）交互关系的去异化

被技术异化的人际交互是一种简单的人机互动模式，相当于人类与一套编码符号互动，这种交流是无感情的。那么如此长久的交互，如果人和人之间的互动方式都通过技术中介来完成，人与其他同伴将被异化，缺少彼此交流的机会。

1. 技术引起的交流隔离

技术为人服务，教育同样是为人服务的。人应与技术协调发展，避免为技术所异化。而当前教育又有扩大化、多样性的趋向。因此就有这样的异化现象出现。一些在线学习、沉浸学习、合作学习，停留在学校教育之外的产业化"包装"，并没有实质改变师生的交互方式。甚至这种"新瓶装旧酒"的方式，使教学本应遵守的循序渐进原则被消解。教育异化在当代已是无法回避的事实，甚至教育的目的、教育的追求等都在逐日被异化。尤其科学技术的狂飙式发展对教育领域的冲击，师生一旦只追求技术带来的快捷与便利，便越发使得班级组织形式脱离原有的适切轨迹，不同程度地加深班级的异化。而类型化班级却能够有效面对这些现象，真正激发教育的活力，发挥教育的功能与作用。

传统班级中老师和学生之间直接进行情感交流，但是师生如果对技术过度依赖，有可能造成教育异化。信息技术革命改变了体力劳动，其由知识、科学技术、脑力劳动支撑。人类个体主要通过处理数字化的信息功能实现个体与外部世界物质、能量和信息的变换。[①] 技术的科学化发展原本是人类为幸福的目标而去征服自然和改造世界进行劳动实践的结果或创造物。但是随着技术地位愈发凸显，人与人之间被没有情感的技术隔离。哈贝马斯认为人要成为自主的人、要决定自己的生活，在"技术"上是不可能的。[②] 因为技术担负着带来舒适生活和提高劳动生产率的功能，这种功能的完成，势必导致人对技术设备的屈从。但在人类利用科学技术改造和控制自然而满足自己需要的过程中，技术损害、扭曲、束缚、威胁和控制人类，造成对人类的异化。[③] 因而，人类不再是掌握和控制技术的主人，变成了带着一种对象化的姿态去对待自然和社会生活的自我规定的主体，反而成了被迫适应科技的工具。[④] 这就是将异化话语界定在人类与技术主客体的错位、颠倒的范围内，体现为人类某些原本具有或原本应有内容的缺失。

2. 一次"社会实验"的警醒

2020 年 2 月因新型冠状病毒肺炎疫情未得到控制，教育部提出延期开学，期间"停课不停学"。全国范围内高校、中小学普遍开展在线模式的教学，是对技术加持下班级组织形式的一次全方位检验。从中就体现出了教育异化的部分问题。

其一，交流空间受限，难以实现监督。疫情防控下班级在线化模式的教学，存在学习氛围不足、注意力难以集中、缺乏监督、

---

① 江崇国. 现代科学技术与认识论的发展 [M]. 西安：陕西人民出版社，1989：219 – 220.

② Habermas, Jurgen. Theory and Practice, London：Heinemann, 1975：40 – 43.

③ 张天波. 事论 [M]. 广州：中山大学出版社，2014：334.

④ 赵敦华. 哲学门第五卷（2004 年）第壹册 [M]. 武汉：湖北教育出版社，2004：60.

效率低下等问题。没有现场面授教学，教师无法约束学生，部分自我约束能力较差的学生出现玩游戏、听音乐、看小说，甚至中途离开课堂的现象。教师对这种现象无法及时制止，缺乏对学生的有效管控。根据 2020 年 3 月艾媒咨询（iiMedia Research）对疫情期间线上教学效果调研的数据显示：超过 30% 的调研对象认为，在线模式的教学缺乏监督，效率低下，如图 5 - 1 所示。

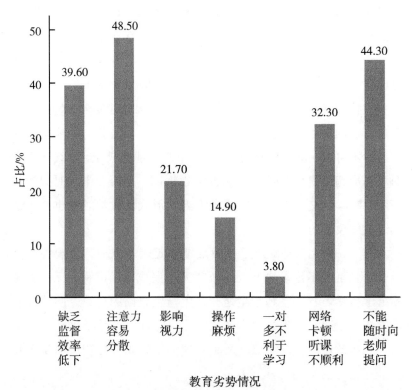

图 5 - 1 疫情期间线上教育劣势调查①

① iiMedia Research. 2020 年春季中国学校在线复课效果评估专项调研报告［EB/OL］. 2020 - 03 - 08. https：// www. iimedia. cn/c460/69653. html.

这项问题的本质在于，针对强计划性的学历教育而言，以班级组织形式为主的传统教学空间被打破。稳定的教学空间受到破坏，因此教学效果受到影响，特别是难以实现教学的监督性。

其二，教学时间被动延长，交流效果不佳。学生居家学习，打破了传统学校教育的"学习围墙"，学生无须花费往返于学校的时间。从表面上看这是班级在线模式在提升效率上的一大优势。但是在教学实践中，在线化模式的教学效果，普遍不如学校班级组织形式的教学效果。大多数班级在线模式存在教师延长教学时长、学生整日盯着屏幕等现象。教育部办公厅、工业和信息化部办公厅联合印发《关于中小学延期开学期间"停课不停学"有关工作安排的通知》，规定对学习的时长不作强迫性要求，特别是对于低年级的学生，因视其具体接受适应能力而选择。总体来说在线教学不可以一味延长时间。① 北京市教委明确规定，"线上教学时长不应超过线下课时"。② 由此可以说明，在线教学的时间过长不利于教学的交流效果，传统班级组织形式的教学时长也并不适用于在线模式的教学。

其三，师生互动缺乏，有效反馈不足。一方面，表现为线上教学课堂氛围不足。线上教学教师无法完成课堂巡视，无法直观掌握学生学习状态。师与生之间、生与生之间的讨论、问答等互动交流，远达不到现场教学效果。另一方面，一是学生学情反馈得不到有效保证。教师难以及时发现学生知识掌握程度而实现现

---

① 教育部办公厅，工业和信息化部办公厅. 关于中小学延期开学期间"停课不停学"有关工作安排的通知. [EB/OL]. 2020 – 03 – 08. http://www. moe. gov. cn/srcsite/A06/s3321/202002/t20200212_420435. html.

② 北京市教委. 关于疫情防控期间以信息化支持教育教学工作的通知 [EB/OL]. 2020 – 3 – 22. http://jw. beijing. gov. cn/jyzx/ztzl/yq_2020/yq_sdjy/202002/t20200217_1646931. html.

场指导，根据艾媒咨询的数据显示①，44.3%的调研对象认为在线上教育中学生不能随时向老师提问，如图5－1所示。二是课内练习容易敷衍、抄袭、借助网络搜题完成，从而使教师不能及时发现问题并调整教学进度，这样的教学反馈是无效的。另外，艾媒咨询的数据还显示②：55.3%的受访者认为疫情期间，线上教育的效果比在学校学习效果差，如图5－2所示。

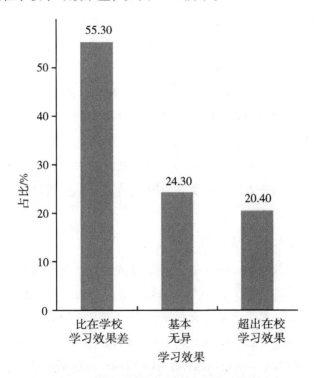

图5－2 疫情期间在线模式的教学效果预期

① iiMedia Research. 2020年春季中国学校在线复课效果评估专项调研报告［EB/OL］. 2020－03－08. https：//www. iimedia. cn/c460/69653. html.
② iiMedia Research. 2020年春季中国学校在线复课效果评估专项调研报告［EB/OL］. 2020－03－08. https：//www. iimedia. cn/c460/69653. html.

基于上述数据分析，可发现：第一，班级在线化模式的教学，仍然是传统班级组织形式的"一对多"教学模式，其使用的仍然是"班级"的教学组织单位。第二，参与学习的学生人数，无论是几十人的小班，还是几百人的大班，仍然是数量可控的群体，容纳在班级建制之中。其可控性表现在：一是现实物理空间教室，因声波传播限制，学生人数必须被限定。二是当前教育信息化设备，如扩音器、互联网的使用，能够扩大教师声音的范围，但其仍是"一对多"的教学结构。在线化模式教学在师生的教学交流中还存有些许不足。但这并不是对班级组织形式本身的否定。这是班级组织形式的一次新的、在线化的教学"社会实验"，也是对教育异化问题的检视。那么，类型化班级中的交互关系，包括人与人、人与机的交互关系是去异化的。类型化班级中，所有的技术不能成为交互的阻隔。人与人或是机器的关系都是二维的，即是将"人—机—人"中机器的阻隔关系去掉，实现时空的无限制与反馈的及时性。

（三）人之创造性的去异化

异化的人成为一种外在的异己力量，与人本身对立，并使人的意识和活动从属异己力量。例如，人原本通过劳动获取经济效益改善生活、享受生活。异化则是人一味追求经济效益最后成为金钱的奴隶。即人本来是经济活动的主体，为了实现主体改善生活的目的，进入经济活动的客体之中，以期让经济活动这个客体服务于人类主体，结果进入经济活动之中的主体的人被客体同化，最终将自身变成客体。那么，异己力量取得人本身的属性，人因为外部力量的作用，从原本的主体变成客体，转而对人本身构成否定。

1. 学生的学习工具化

近年，屡有伪科学、伪"人工智能＋教育"事件发生，有些人利用新兴技术营建的技术环境，冠以"提高学习效率"等名号，使教育处于随时被监控的状态。2019 年 9 月 3 日，中国药科大学被爆在宿舍、教室、图书馆等安装了人脸识别系统，学生跷课、发呆、玩手机都能被感知到，一言一行难逃"法眼"。据统计，2018 年广西、贵州等地区，超过 6 万多名中学生穿上镶嵌了芯片的智能校服，学校和家长可通过 App 实时了解学生动态，并进行轨迹分析。2019 年 10 月 17 日，"量子波动速读法"引起轰动，在所谓的高科技支持下只需高速翻动书本，甚至不需翻开书本阅读就能理解书中内容。这一系列案例说明，教育中已出现异化情况。人工智能在技术教育应用中的蓬勃发展，被运用到班级教学管理上，如人脸识别、语音识别、智能监控系统等，让学生处于学校和家长的全方位动态监控之中。这种现象，一方面，正符合家长和学校"更好地管理学生"的心理，但是这种被异化的教育管理让学生如身处监狱。教育学者熊丙奇表示，"现在这些做法就是把学生完全当成了学习工具，长时间使用这些设备会影响学生的人格健康发展。让学生佩戴智能头环这种做法是以所谓科技创新、教育创新为名的反教育"。①

　　另一方面，在学校学习的过程中，因为有智能化技术对教师的教学工作和学生学习进行评估，从表情监测到大数据测评，有导致学习过程简化，学生从而有失去创造性的可能。加之，教育的测评直接通过监测发现学习漏洞后，进行知识查补和灌输，是对情景化的或基于真实操作的学习忽略，简化学习本身。教育过程仅以测评结果为蓝本，进行线性学习，没有具有探索性、发散性的创造性学习过程。并且在学校学习的过程中，学习并非是学

---

① AI＋教育的底线在哪里？［EB/OL］. 2020－02－3. https：//www. sohu. com/a/351706688_468636.

生自愿的，有被强迫之嫌。

2. 学生的去主体化

教育异化在当代确实已成为不争的事实，教育的目的、教育的管理，甚至教育的根本意义等都有被异化之嫌。[①] 然而，在此要讨论的教育异化，仅仅是针对技术作用的班级教学范畴。教育的异化是一种教育从内涵向外延的人为转移，甚至试图改变教育的本质。如果按照教育的四次革命划分，除了第一次革命以教师为中心的学校教育取代分散的家庭教育，与技术没有直接联系外，此后的三次革命中，文字为教学增加媒介、书籍复制能力促进教育规模化、信息技术带来全球性的教育结构，这些变化都与技术和教学组织形式有直接关联。技术的发展，特别是信息技术的发展有促进教育发展、提高育人功能的正向价值。"单独的个人随着自己的活动扩大为世界历史性的活动，越来越受到对他们来说是异己的力量的支配（他们把这种压迫想象为所谓宇宙精神等的圈套），受到日益扩大的，归根结底表现为世界市场的力量的支配"。[②] 即技术的强大自发力量具有直接或间接对人的主体性加以否定的趋势。

3. 学生的创造性弱化

当前，在教育异化中，教育的关系仍然是人与教育世界的基本关系。劳动者的异化角度有四个方面：第一，劳动者与其自身的劳动成果相分离，资本家占有劳动成果；第二，劳动者与其生产生活相分离，破坏其创造性；第三，劳动者与其人类属性相分离，使人类自我和社会的集体创造行为退化，否认劳动的社会属

① 沙洪泽. 教育：为了人的幸福 [M]. 北京：教育科学出版社，2005：69－70.
② 马克思，恩格斯. 马克思恩格斯选集（第 1 卷）[M]. 中央编译局，译. 北京：人民出版社，1995：89.

性；第四，劳动者与其他劳动者的关系异化，彼此缺少了交流的机会。以此类推，教育的异化与劳动者异化并无二致。一方面，技术的广泛应用使得教育教学、管理和服务的效果更好、效率更高，但技术的异化反而使得教育者"教"的能力逐渐被取代，以教师为主导的教授能力或作用被迫退化到辅助的地位。另一方面，原本控制自然是人自身应有的能力，技术对人肢体行动的代替，特别是人工智能技术或将代替大脑的部分功能，使人服从于技术发出的命令，这是典型的教育异化。

教育是有情感和灵魂的，需要教育者的引导和启发而成全人类的美好人生。但目前的教育异化有这样的现象，一类情况是在资本的介入和运作下，越来越多的学校引进人脸识别、大数据等技术用于班级组织形式的教学，以提高教育效率为名号引起对技术的盲目狂热追捧。另一类情况是功利地利用技术以监督班级教学实况，师生随时处于被监控的状态中。那么，现有的技术支持的班级组织形式的教学会导致教育的异化。而类型化班级一定是支持去异化的，它以发展学生的创造性为目标，从三个层面展开差异化。其一，学生的学习是以兴趣为内驱力的自主学习，学生并非学习的工具。其二，学生是学习的主体，类型化班级中的教学是主动探索的学习，而不是填鸭式的灌输学习。其三，类型化班级让学生在探索知识的同时，也能够创造知识。学生不仅是知识的获取者，也是知识的创造者和更新者。

四、以"类型化班级"回应技术与班级融合的趋向难题

信息技术与班级组织形式相互需要、相互助推，正在朝双向融合发展。一方面，历史互动反映出技术对班级的影响和作用；另一方面，实证研究反映信息技术的使用依托于班级框架。

（一）技术与班级的缠绕结构

前文已对不同时期技术对班级组织形式的影响作用以及二者互动进行梳理。两者的互动是随时间相互推进的过程，其实质是前后相续的、螺旋式上升的轨迹，如图 5 – 3 所示。新的技术在不断改进的班级教学中应用，也是不同时期技术与班级组织形式互动的呈现。

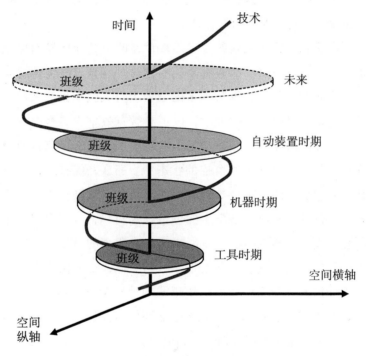

图 5 – 3　技术与班级组织形式的作用及互动历史进程

1. 规律性与目的性的统一

技术与班级呈螺旋式推进，其共同目的是服务教育。因此，两者互动的规律性也符合教育的目的性。一方面，技术自身具有适应社会的可能和适应教育目的的需求，如科学技术对技术教育应用的作用、技术潜在的自我发展、技术对教育的主动"拥抱"，等等。但也因技术本身所处的位置和目的性，使其在与班级互动时，在角度和思路方面产生差异。工具时期技术的目的性在于对人类生存的适应性考量，其主要是适应社会的需求，这与机器时期、自动装置时期技术的使用和方式不同。因此，技术与班级组织形式之间会有潜在的目的性差别。

另一方面，班级组织形式在教育教学中所涉及的物化技术也在不断贴合教育的目的改进。而不同时期的技术应用，又往往决定其适应该时期的教育需求。相较于稍显稳定的班级组织形式，这一切使得技术的类型和特征发展过程充满不固定性。两者的联系、交流在各自螺旋发展的过程中，缠绕而又趋向同一的教育共识。需要注意的是，技术的发展是日新月异而充满挑战的，技术教育应用不仅要广泛吸收科学技术的研究成果，而且也需要深切关注班级组织形式的教学需求。由于不同时期的技术对社会环境、教育的需求千差万别，两者的互动不可能拘泥于某一种特定模式。两者各自都有多种形式，并且在各自的性质上，也有区别于两者互动的其他追求。

2. 量变与质变的统一

技术对班级组织形式的作用及二者的历史进程，如图 5-3 所示，显示出两者的互动包含技术和班级各自内部系统的发展量变。两者的缠绕经由不同阶段的需求而呈现出质变的规律。一方面，量变是各自本身寻求发展的内在表现，也是两者互动的外部形式。从外部螺旋上升的变化形式上揭示出其教育推进的变化规律。技术与班级组织形式各自的量变积累，是构成互动的过程变化的基础。另一方面，质变是内部素质透过外部表现出来的结果。两者带来的质变是互动变化的结果。即在不同时期的互动关系发生质变，从关联、协同、同构到未来所需要的耦合变化，也是两者互动关系本质上的变化，更是对教育本质产生的影响。

技术与班级互动的量变和质变并非一个过程的两个阶段。而是量变处在各自寻求突破的过程中，通过互动又形成质变，并且以循序渐进、持之以恒的方式体现。工具时期以前，教育更多指向生活中的教育，并没有专职的教师和团体性质的组织形式。工具时期教师职业逐渐稳定，"师徒式"或"一对一"的面授方式也开始出现。机器时期班级教学理论开始系统化，支持班级组织形式应用于教育实践；而"秩序"和"自由"对班级组织形式的进一步改造，使得班级组织形式逐渐完善。自动装置时期除班级教学外，也对多种教学组织形式进行了探索，如小组的、个别的、复式的，等等。从直观技术到信息技术的发展，技术教育应用也在积极改进与发展。所以，单独观察技术教育应用和单独分析班级组织形式，能发现各自内部都呈现一种量变的发展。而技术与班级组织形式相互关联、作用的运动，表现为从量变到质变。所以，两者互动从量变到质变并不是一蹴而就的，是在各自寻求发展的量变过程中渗透有两者联系的质变；在质变过程中又进一步对各自发展的量产生扩张。因此，技术和班级的互动是量变与质变的统一。

（二）技术与班级的缠绕趋势

技术与班级的互动，给教与学带来了新变化。技术教育应用愈发关注人存在的本身，关注人的自由和解放，促进学习机会平等、学习活动自然、个体发展自由。一些新的教学模式也因技术的支持而出现，如在线课程、慕课、翻转课堂等。它们具有传统班级组织形式的特征，又试图突破班级组织形式的限制。

1. 虚拟现场与在线化组织

新的技术改善教学的现场、环境和体验，[①] 能够达到精准服务于教师教学的目的，使得教与学的交流和协作机会得到扩展。其表现在：第一，使过去无法实现的教育组织协作形式成为可能。传统班级组织形式下的教学，是通过相对孤立的教室环境展开的。因而教与学的活动的完成范围仅有教室，并且师生之间、生生之间的协作也仅限于同一教室或同一建筑物中。如今，技术支持教学空间得以更新，其形成的在线化模式能够超出教室的场域。例如，在乡村的教室里，学生可以通过视频连线宇航员，在线观察太空；可以通过"智慧互动教室"充分沉浸在"太空舱"；可在平板电脑上使用基于仿真技术的工具，如同真实地驾驶宇宙飞船。

第二，新兴的倾向于技术应用的定制化技术，为教学交流提供便捷。依靠互联网和新媒体技术，能够支持不同类型的学习空间，如主动学习空间、协作学习空间、线上学习型空间、虚拟与现实交互空间等。它们支持以学生个体为中心，创造个性化身份，建立群体符号性学习组织，形成虚拟的知识社区；营造相互关注、共同关注的氛围；形成集体意识，产生情感体验。这种方式突破了教学的自然空间，放大了教与学的协作空间。[②]

第三，教育反馈更为精准。教育资源能够被定制，能够实现教师准确掌握学生学情，便捷师生间的有效交流。如语音识别、图像识别、虚拟仿真等技术作用在教育中，改变了学生原有对印刷出版物的依赖。又如教育应用中的语义搜索技术与教学内容相结合，把与教材同步的配套教辅资源数字化。人民教育出版社对此已有尝试，通过辅助教师高效掌握学生学情，从而调整自我教

① 张际平. 计算机与教育 [M]. 北京：新华出版社，2014：21.
② 邹佩耘，周安平. 读书会虚拟与现实交互研究 [J]. 现代出版，2019 (3)：33−37.

学，真正实现因材施教。此外，人工智能技术让机器人走进教育，大数据为个性化的教育提供解决方案，可穿戴设备将知识信息融入人体，虚拟现实技术实现赛博空间与现实的班级教学无缝交互……科技发展使技术在班级教学中的应用更为广泛，也使班级形式的学习可随时随处发生。

同样，技术所带来的教学交流与协作"红利"，在一定程度上改变着班级教学的最初形态。其一，使得人类习得知识的途径多元，时间可以碎片化组合，可以复制。其二，从物理环境［电脑、交互白板、多媒体网络教室、移动终端、虚拟实验室、增强现实（AR）、虚拟现实（VR）等］到信息环境（云端资源库、交互式学习平台等），技术的强大支持使得教与学原有的交互形态变得多元。① 其三，教育已经超出传统班级组织形式的自然限定范围——教室。教学不再囿于现实的教室地理环境，师生交流的空间成本降低。例如，借助网络设备，学生不再局限在教室里面学习。其可以在教室内、家中、公共场所上课、学习、完成作业等。另外，移动教室技术还能够弥合教室与家庭学习之间的鸿沟。因此，技术支持的教与学空间，从传统班级组织形式所固定的课堂教学封闭式，向灵活开放化转变。

2. 精英模式与主体性改造

随着教育向着更大规模发展，技术也更为支持教育的功能拓展。如果要为各个时期的教育特征抓取关键词，那么工具时期的教育倾向为精英教育；机器时代的教育发展为规模教育、标准化教育。而当前的教育一方面在继续追求更大规模的教育，另一方面又回到精英教育的原点。因此，需要思考这样的问题：大规模

---

① 邹佩耘，周安平. 读书会虚拟与现实交互研究［J］. 现代出版，2019（3）：33–37.

的教育发展与精英教育的理念如何匹配？从技术与班级的功能共性和价值指向来看，就是实现从继承和沿袭前人的知识扩展到促进信息共享的功能。使学习者处于信息网络中实现知识的扩散、交流、共享和增值。① 以学习者为中心的个性化、定制化在线教学，已经打破现有知识、课程与课堂教学之间的局限形式，打破师生间传统的交互方式。技术教育应用积极利用科学技术、信息技术，使塑造无围墙、共享的教育成为可能。因此，技术在主动升级班级组织形式，作用人的主体性发展，带给教育更多自由。这种自由是随着教育信息化技术的日臻发达，人接受教育的可能性和被延伸的价值性的自由。就目前教育与技术的关系展望教育的组织、规模、质量和机会，就会发现：班级组织形式需要进一步发展，但在当前和今后很长一段时间，仍旧无法被替代和取缔。放眼世界教育，多数国家都接受智慧教育模式，保存班级教学，采取这种并行不悖的"双模式"。②

　　因此，可将各个教育组织视为一个无界限的全球化教育体。那么，要实现这种全球化的教育体，以类型化班级作为改进方向，需要融合技术的优势和传统班级组织形式的精髓，实现教育在全球范围内的发展。这也是未来技术与班级融合需要再度深思的问题。即使符合类型化班级思维的这样一种教学组织形式，既保存传统班级组织形式的要素和特征，又能够突破传统班级组织形式的时代局限，进而适应教育环境。再假设，传统班级组织形式的空间没有因为自然环境而受限，就像当前如火如荼的在线教育，

① 李力. 论远程教师的三维能力结构与职能转换 [J]. 电化教育研究，2000（8）：20－24.

② 荀渊. 高等教育全球化的愿景：从无边界教育到无边界学习 [J]. 电化教育研究，2019（5）：32－39.

在逐渐突破传统班级组织形式中环境的局限一样。那么，得到的效果是人接受教育的机会更为广阔，在一定程度上实现更接近平等化的人的教育自由。其实，早在21世纪初已有这种突破性的尝试。如乔治·西蒙斯和斯蒂芬·唐斯秉持学习资源可以被分享和访问，允许所有人不受时间地域的访问的观念，首创全球慕课（MOOC）课程。这是技术对班级教学时空的"无界限"探索。也进一步说明类型化班级重视的是对人主体性的再深入发展和延伸。

（三）技术与班级的双向融合

纵观教育史，班级组织形式也能够容纳不同的技术发展。具体包含有两条线索：一条是班级组织形式本身的形成史，另一条是在班级教学过程中贯穿的一条技术的教育应用史。技术教育应用的发展线索是技术本身的发展演变历史。从这两条演变的线索之间发现：一则，技术与班级组织形式相互缠绕，螺旋上升，逐渐形成稳定的互动。通过不断更新的技术作用班级，班级自身的容量在不断扩大。二则，班级组织形式一旦形成，承载技术的恒定平台也便形成。这种平台是一种教育学组织上的技术的承载平台。在班级组织形式这个平台上，各种各样新的技术都被吸收进来，如图5-3所示。对技术与班级相互成就的原因笔者分析如下。

1. 技术的发展与班级稳定性的延续

班级组织形式是建立在班级教学制的基础之上的，至今仍具有稳定性。班级教学制实践至今已有三百余年历史，仍为世界各国学校教育广泛应用。从世界教育的实际情况来看，班级组织形式不仅在过去、现在，乃至将来很长一段时间仍会被学校教育采用，特别是为基础教育所采用。正因为班级组织形式具有精巧的教学机制，才能更稳定地传递经验、知识、信念，促进人类社会的进步。从古至今，未曾有一种教学形式能够完全取代班级组织形式。虽然技术对班级影响巨大，但至少在可以预见的将来，还难以彻底让班级组织形式消亡。例如，技术的丰富性能够弥补班级教学忽略个性差异的缺陷。通过技术能够更为精准地实现分层分类教学，使不同的学生个体得到更为个性化的发展。技术的影响并不等于直接否定班级教学本身在未来可以发挥的价值。从教育组织形式变化的脉络及传承关系可以清晰地看出，班级组织形式的出现绝不是偶然。其既是社会政治经济发展的必然产物，也是教育组织形式适应社会发展的必然结果。但是在技术变革下，班级组织形式确实需要向"类型化班级"进化：在接受技术的作用下，将班级框架内的集体组织形式和个体组织形式有机结合。即在发挥班级教学稳定优势的基础上，充分关注个体的兴趣、能力、适应性、学习效果，如采用分组教学、走班制、复式制、分层制等开放的教学组织形式，就保有班级组织形式的稳定优势，遗憾的是其建制更趋个性化和小型化。

因此，以类型化班级理念来思考班级组织形式在技术影响下的未来模式更具科学性。且这种科学性表现为三个方面：一是教学团体更为科学。班级组织不仅考虑人类个体的身心阶段性、共同性特点，还会考虑人性的适应性和心理特点，这是可以通过技术评估直接测量的。二是教学空间更为科学。这里主要是针对建立在教学时空基础上的人际交往空间。其在年龄相近的基础上，更多会通过技术的助力，考量教育效果的相近和教育心理的适应，以此设置教育组织。三是教学组织形式的采用更多考虑经济因素。历史上的个别教学组织形式之所以为班级组织形式所代替，很重要的一个原因就是经济因素。班级的设置需要考虑师班比，这种比值越高，效益就越低。技术使得班级组织形式逐渐具有高投入，高产出的发展态势。例如，目前进行的小班化教育尝试，就是技术支持下实现的教育组织形式的一种选择。

2. 技术的发展与班级纪实性的延伸

班级纪实性的延伸具体表现在班级教学时间的多样化呈现方面。以班级在线化模式为例，可将其看作类似班级组织的一种在线方式。其时间呈现出碎片化、可循环等多样的特征。而班级组织形式本质的时间构造，分为学制与课程时间，并未因技术升级而明显改变。就"大时间"而言，仍有学制之分。如在线教育机构"猿题库"，其在线教学是将学生进行网络分班、分级；"学而思"网校也是按照学生学情或年龄，安排与之相适应的等级课程，仍有年级、班的单位划分。这就是班级内核中有关时间的问题。就"小时间"而言，时间限制也没有突破。不变的时间仍表现为，教师在教室教学和教师在线上教学，或是教师一人面对数十学生，教师面对更多数量的学生，课程的单位时间没有变化。学校班级教学的固定单位时长一节课45分钟时间，不会因为新兴技术的加入而变为几个小时，一节课的时间仍然是固定的。从这个角度来看，班级在线化的模式并未改变教学的时间限制。

但是，需要考虑这样两种情况的教学时间：一种是因互联网技术参与教学，在传统录音、录像视听类型的技术基础上，课程能够被存储和再现于网络，导致教学的时间可以被无限循环。即时间可以复制，在线化模式的教学时间可以被复制。例如，传统的班级组织形式是在学校教室中自然完成的，如果不介入录音录像存储，时间随自然流逝；而介入声音、影像被录制、存储之后的互联网在线教学现场，可以实现把上课时间的内容反复，随之其教学时间也是被不断重复的。另一种是多用于非学历教育的碎片化学习时间，如在线微课、短视频教学以短、精、快为理念，将一个知识点内容提炼到几分钟或十几分钟，发布在网络上。学习者通过对自己时间的合理分配，进行学习。这种将时间碎片化组织的学习，也是一种时间的组合方式。这两种方式不只是班级在线化教学所使用的时间方式，而是通过复制时间和整合碎片学习时间，实现对班级的纪实性延伸。

班级教学的时间结构主要突出班级的纪实性。在班级组织形式内完成教学内容的时间单位，可能没有达到自然班级教学时间"节"的单位量，但是时间是被固定的。技术支持的班级组织形式，虽然有新的场域或是虚拟改变，但是线上与线下的时间单位相同，班级的纪实性进一步被延伸。唯一的区别在于，班级组织形式内的教学时间更为弹性化：被流逝、被组合、被重复或具有更多样态。在线化模式是对班级组织形式的一种简单延伸。未来在技术支持下，类型化班级的教学方式还可以更个性化，教学组织的单位还可以是更为流动性的，教学资源还可以更为丰富和可被定制。

3. 技术的助推与班级教学统一体的形成

班级组织形式接受和吸纳技术，技术促进班级组织形式的发展延伸。按照技术的发展观来理解技术教育应用，人类原始的教育依靠教育者的口述和受教育者的耳闻完成。那么，教学最主要的方式在于通过声音、语言的传播实现，这样的传播具有范围的限定性。如何实现在一定范围内的教学效果，如何让学生听得更清楚，这是人类意识能动性的表现，即有目的的技术教育应用的萌芽。在没有直观技术出现之前，教学最初的讲课方式是"一对一"的教授。当出现班级之后，教学开始在班级的组织框架内进行，在班级的"底盘"内运用过去的一些传统的技术。随着技术的发展，直观技术、视觉类型的技术、视听类型的技术、信息技术都逐渐进入班级。当前，随着技术的发展更新，班级组织形式延伸至网络，但新的技术仍然还在班级框架内。即使因技术升级发展而受到冲击出现的班级在线化模式，也只是一种新的延伸和发展。由此，类型化班级一定是能够保持班级组织形式的三大内核——时间、空间、人际不受颠覆，能够有足够空间吸纳技术，并且是超越班级在线化教学模式的一种教学组织形式。

这样的类型化班级需要根据传统班级组织形式的核心构造而进行多样组合。首先，类型化班级仍需继续作为吸纳技术的"兜底"平台，如图5-1所示，促进技术教育应用有更大发展空间。其次，技术推动班级建制的发展，能够通过新兴技术，让类型化班级的规模更大。再次，一种技术要实现技术教育应用，需要达到一定的教育性质和意义。教育是实现知识传授的系统运作，知识的传授过程中必然有教育主客体的互动。其互动过程中还涉及教学的评估，以此评测教育的效果。那么，这样的系统运作自然需要组织体系的保障。而类型化班级不是对班级教学的摒弃，而是对班级教学的改进和升级。因此，未来技术也不能脱离类型化班级而独自寻求发展，类型化班级必然需要技术的支撑才得以实现。技术与类型化班级仍是相互缠绕、相互需要、相辅相成的统一体。

综上，解决未来新兴技术与班级组织形式融合互动的应然思维模式，就是在回答"类型化班级"应满足几方面的要求。其具体标准为：其一，类型化班级一定能表达教育的本质。即理念类型意义上的班级一定是能有效实现经验、知识与信念的代际传递的教育组织形式。即是对典型班级的局限性突破。一方面，技术从理性的角度出发，关注对人本身的教育。另一方面，在技术自身发展的同时，促进班级组织形式不断扩大，从而使得新的班级组织不断扩大。其二，类型化班级一定能表达教育的时空性质。

即理念类型意义上的班级能破解教育的时间性难题与空间性难题。实现现实与虚拟学习共同体的有机联结。类型化班级既具有传统班级组织形式的基本特征和基本要素，又能够通过新的形式组织教与学。其三，类型化班级能避免人性的异化，不会导致人性的退化或变异。即技术与班级的互动，应该建立在类型化班级的基础上，考虑融合并实现深度融合。类型化班级理念支持的班级组织形式，既能实现有效的教育内容代际传递，提高教育的效率，又能防止人性的异化。

本书为了更好地思考技术与班级的未来走向，研究从对班级的概念化思维桎梏突破到类型化组织的思维。未来的班级是从类型的角度去理解，而不是从概念的角度去理解。在类型中注入关于人、关于教育的一些基本的理解、价值观念。以此来衡量未来的"技术"与"班级组织形式"应然互动模式的标准。即应该如何去思考技术与班级组织形式的未来互动是什么样，及其有什么样的标准。以技术和班级组织形式在历史中的互动模式为基准，剖析当前班级中实际的技术应用问题。从这两方面的综合因素进行分析，寻求"如何思考技术与班级组织形式未来融合"的答案。

班级的概念化思维与理念类型化思维的区别在于：依据班级概念，一种教育组织形式要么是班级，要么不是班级。但是，依据班级理念类型，一种教育组织形式或者更接近班级的理念类型，或者更偏离班级的理念类型。一旦将班级理念类型化，便拥有了一种非常具有弹性的思想工具——"类型化班级"。由此，就可构想以理念类型——类型化班级的思维方式来解决以下二个问题：一则来回应和解决技术与班级未来融合的趋向难题、融合的边界难题、教育的异化难题；二则来进一步探讨技术变革下班级组织形式的实践走向。

参考文献

（一）著作类

［1］伊万·伊利奇. 去学校化社会［M］. 吴康宁，译. 北京：中国轻工业出版社，2017.

［2］迈克尔·B. 霍恩，希瑟·克莱顿·斯泰克. 混合式学习：用颠覆式创新推动教育革命［M］. 聂风华，徐铁英，译. 北京：机械工业出版社，2015.

［3］阿兰·柯林斯，理查德·哈尔弗森. 技术时代重新思考教育：数字革命与美国的学校教育［M］. 陈家刚，程佳铭，译. 上海：华东师范大学出版社，2013.

［4］泰德·丁特史密斯. 未来的学校［M］. 魏薇，译. 杭州：浙江人民出版社，2018.

［5］弗雷德里克·莱卢. 重塑组织［M］. 进化组织研习社，译. 北京：东方出版社，2017.

［6］乔治·库罗斯. 面向未来的教育［M］. 刘雅梅，译. 北京：机械工业出版社，2019.

［7］朱永新. 未来学校：重新定义教育［M］. 北京：中信出版社，2019.

［8］南国农，李运林．电化教育学［M］．北京：高等教育出版社，1998.

［9］祝智庭，钟志贤．现代教育技术促进多元智能发展［M］．上海：华东师范大学出版社，2003.

［10］祝智庭．现代教育技术走进信息化教育［M］．北京：高等教育出版社，2003.

［11］何克抗，李文光．教育技术学［M］．北京：北京师范大学出版社，2009.

［12］何克抗．信息技术与课程深层次整合理论：有效实现信息技术与学科教学深度融合［M］．北京：北京师范大学出版社，2019.

［13］张诗亚，周谊．震荡与变革［M］．济南：山东教育出版社，1995.

［14］叶澜．教育概论［M］．北京：人民教育出版社，2006.

［15］姜振寰．技术通史［M］．北京：中国社会科学出版社，2017.

［16］朱德全．教育学概论［M］．重庆：西南师范大学出版社，2017：75.

［17］罗文浪，戴贞明，邹荣．现代教育技术［M］．北京：北京理工大学出版社，2015.

［18］罗维亮．教育技术［M］．西安：西北大学出版社，2006.

［19］李颖，董彦．现代教育技术应用［M］．合肥：中国科学技术大学出版社，2018.

［20］屈勇，胡政权．现代教育技术［M］．成都：西南交通大学出版社，2013.

［21］彭苇．教育技术与网络教学资源整合［M］．北京：光明日报出版社，2017.

［22］任平，孙文云．现代教育学概论［M］．广州：暨南大学出版社，2016.

［23］范先佐．教育经济学［M］．北京：人民教育出版社，2014.

［24］李森，赵鑫．现代教学论［M］．北京：人民教育出版社，2011.

［25］乌家培．经济 信息 信息化［M］．沈阳：东北财经大学出版社，1996.

［26］马启龙．信息化教育学原理［M］．兰州：甘肃人民出版社，2017.

［27］李伟胜．班级管理新探索：建设新型班级［M］．天津：天津教育出版社，2006.

［28］廖建桥．管理学［M］．武汉：华中科技大学出版社，2010.

［29］何雪松．社会工作理论［M］．上海：上海人民出版社，2017.

［30］陈佑清．教学论新编［M］．北京：人民教育出版社，2011.

［31］曾嘉，黄荣晓．教育经济与管理［M］．北京：光明日报出版社，2016.

［32］江崇国．现代科学技术与认识论的发展［M］．西安：陕西人民出版社，1989.

［33］刘致中．智慧教育课堂实践［M］．西安：西北大学出版社，2019.

［34］徐燕，伏振兴，李兆义．信息技术与现代教育手段［M］．银川：阳光出版社，2018.

［35］魏国良．学校班级教育概论［M］．上海：华东师范大学出版社，1999.

［36］E.科恩．教育经济学［M］．王玉崑，陈国良，李超，译．上海：华东师范大学出版社，1989.

［37］高学贵．班级教育学［M］．南京：南京大学出版社，1990.

［38］邬宪伟．选择的教育［M］．上海：上海教育出版社，2017.

［39］孟万金．协作互动：资源整合的教育力量［M］．上海：华东师范大学出版社，2004.

［40］唐迅．班集体教商实验的理论与方法［M］．广州：广东教育出版社，2000.

［41］孟伶泉．基于现代理念的教育理论与实践［M］．北京：中国书籍出版社，2018.

［42］张念宏．教育百科辞典［M］．北京：中国农业科技出版社，1988.

［43］王坤庆．教育学史论纲［M］．武汉：湖北教育出版社，2000.

［44］涂艳国．科学教育与自由教育［M］．合肥：安徽教育出版社，2007.

［45］邰爽秋，黄振祺．中国普及教育问题［M］．北京：商务印书馆，1938.

［46］张华．课程与教学论［M］．上海：上海教育出版社，2000.

［47］张祖忻．关于教育技术的目的、本质、领域与学科的研

究［M］．上海：上海人民出版社，2015.

［48］马启龙．信息化教育学原理［M］．兰州：甘肃人民出版社，2017.

［49］刘冰，安素平，冉新义．现代教育技术应用［M］．厦门：厦门大学出版社，2017.

［50］王方林．在自由与约束之间：班级经营的实践与原理［M］．上海：上海辞书出版社，2003.

［51］李岩．教育管理与现代教学新技术实用全书［M］．合肥：安徽文化音像出版社，2003.

［52］张万朋．中国义务教育班级规模的效益研究［M］．北京：教育科学出版社，2015.

［53］罗绍德，张珊．成本会计［M］．广州：暨南大学出版社，2014.

［54］马克斯·韦伯．社会科学方法论［M］．朱红文，等译．北京：中国人民大学出版社，1992.

［55］博伊德·金．西方教育史［M］．任宝祥，吴元训，主译．北京：人民教育出版社，1985.

［56］拉斯达尔．中世纪的欧洲大学（第三卷）：博雅教育的兴起［M］．邓磊，译．重庆：重庆大学出版社，2011.

［57］让－弗朗索瓦·利奥塔．后现代状况：关于知识的报告［M］．高于译．长沙：湖南美术出版社，1996.

［58］艾伦·贾纳斯泽乌斯基，迈克尔·莫伦达．教育技术：定义与评析［M］．程东元，译．北京：北京大学出版社，2010.

［59］巴巴拉·西尔斯，塔·里齐．教学技术：领域的定义和范畴［M］．刘雍潜，译．北京：中央广播电视大学出版社，1999.

［60］诺伯特·M.西尔．教学设计中课程、规划和进程的国

际观［M］. 北京：教育科学出版社，2009.

［61］M. 卡诺伊，H. M. 莱文. 教育经济学［M］. 杜育红，等译. 重庆：西南师范大学出版社，2011.

［62］T. 普洛波，D. P. 埃利. 教育技术［M］. 刘美凤，宋继华，译. 重庆：西南师范大学出版社，2011.

［63］泰勒. 课程与教学的基本原理［M］. 施良方，译. 北京：人民教育出版社，1994.

［64］弗里蒙特·E. 卡斯特，詹姆斯·E. 罗森茨韦克. 组织与管理：系统方法与权变方法［M］. 李柱流，刘有锦，苏沃涛，译. 北京：中国社会科学出版社，1985.

［65］贝尔纳·斯蒂格勒. 技术与时间：爱比米修斯的过失［M］. 裴程，译. 北京：译林出版社，2000.

［66］阿特金森. 教育经济学引论［M］. 鲍怡军，译. 上海：同济大学出版社，1991.

［67］尼尔·保尔森托·赫尼斯. 组织边界管理：多元化的观点［M］. 佟博，陈树强，等译. 北京：经济管理出版社，2005.

［68］远新蕾，赵杰，陈敏. 信息技术支持下的课堂教学［M］. 北京：冶金工业出版社，2017.

［69］中国高等教育学会组编. 中国高校信息技术与教学深度融合观察报告［M］. 北京：北京理工大学出版社，2019.

［70］陈昌曙. 技术哲学引论［M］. 北京：科学出版社，1999.

［71］刘大椿. 科学技术哲学导论［M］. 北京：中国人民大学出版社，2001.

［72］佩德罗·德·布鲁伊克，保罗·A. 基尔希纳，卡斯珀·D. 胡瑟夫. 解码教育神话［M］. 盛群力，徐琴美，李艳，等译. 郑

州：大象出版社，2018.

　[73] 欧启忠．互联网＋教育教学新媒体 ［M］．北京：现代教育出版社，2018.

　[74] 王春艳，张秀萍，张启全．以智慧教育为导向的区域教育信息化研究 ［M］．沈阳：东北大学出版社，2020.

　[75] 张旸．教育需要论 ［M］．北京：教育科学出版社，2011.

　[76] 张会丽．教育信息化2.0时代的智慧教学新探索 ［M］．长春：吉林科学技术出版社，2019.

　[77] 刘美凤．改革开放40年中国教育学科新发展·教育技术学卷 ［M］．北京：高等教育出版社，2019.

　[78] 凯文·凯利．必然 ［M］．周峰，董理，金阳，译．北京：电子工业出版社，2015.

　[79] 陈玉琨．基础教育慕课与翻转课堂问答录 ［M］．上海：华东师范大学出版社，2015.

　[80] 周政，黄玉霞．数字化课程环境建设与学生个性化学习 ［M］．上海：上海科学技术出版社，2019.

　[81] 孙莉萍．教学论 ［M］．沈阳：辽宁大学出版社，2012：200.

　[82] 张成琦，李立．计算机教育移动网络课堂的发展探究 ［M］．成都：四川大学出版社，2018：205.

　[83] 吝春妮．互联网时代的现代教育技术教学改革 ［M］．北京：中国书籍出版社，2019.

　[84] 宋秋英．全球化背景下中国教学论本土化问题研究：以教与学的关系范畴为基点 ［M］．北京：科学出版社，2019.

　[85] 尚俊杰．未来教育重塑研究 ［M］．上海：华东师范大

学出版社，2019.

[86] 何兴无，蒋生文. 大数据技术在现代教育系统中的应用研究 [M]. 长春：东北师范大学出版社，2019.

[87] 于家杰. "互联网＋"时代下的教育技术创新 [M]. 哈尔滨：黑龙江教育出版社，2019.

[88] 斯伯克特. 教育技术基础：整合的方法和跨学科的视角 [M]. 卢蓓蓉，译. 上海：华东师范大学出版社，2019.

[89] 张霞霞. 教育技术与智慧学习环境构建研究 [M]. 北京：世界图书出版公司，2019.

[90] Johann Amos Comenius. The great didactic [M]. translated by M. W. Keatinge, London：Adam and Charles Black, 1896.

[91] Comenius. School of infancy [M]. translated by Will S. Monroe, Boston：D. C. Heath and co. , publishers, 1896.

[92] John Dewey. Democracy and Education [M]. New York：The Macmillan Company, 1916.

[93] Plato. The Laws [M]. translated by Trevor J. Saunders, London：Penguin Books, 1970.

[94] Plato. The Republic [M]. translated by Allan Bloom, New York：Basic Books, 2016.

[95] Philippe Aries. Centuries of Childhood：A Social History of Family Life [M]. New York：Alfred A. Knopf, 1962.

[96] Renaudet, A. Prereforme er Humanisme a Paris1496 – 1517 [M]. Paris, 1916.

[97] Alan Januszewski, Michael Molenda. Educational Technology：A Definition with Commentary [M]. New York：Routledge, 2008.

[98] Paul Saettler. A history of instructional Technology [M].

NewYork，1968.

［99］Arthur francis Leach. The Schools of Medieval Engliand ［M］. New York：The Macmilian，1915.

［100］Hanover. The World as School，Ratke，Comenius and the didactic movement ［M］. 1978.

［101］Johnvaizey. The Cost of Education ［M］. London：Allen and Unwin，1958.

［102］Weber，M. Econom and Society ［M］. Berkeley，C. A，University of California，1978.

［103］George Ritzer. Contemporary Sociological Theory and Its Classical Roots：the basics ［M］. JeffreyStepnisky McGraw － Hill，2013.

［104］MDRoblyer. Integrating educational technology into teaching ［M］. Merrill，1997.

（二）期刊论文类

［1］南国农．教育信息化建设的几个理论和实际问题（上）［J］．电化教育研究，2002（11）：3 - 6.

［2］祝智庭．翻转课堂国内应用实践与反思［J］．电化教育研究，2015（6）：66 - 72.

［3］祝智庭，管珏琪．教育变革中的技术力量［J］．中国电化教育，2014（1）：1 - 9.

［4］何克抗．我国教育信息化理论研究新进展［J］．中国电化教育，2011（1）：1 - 19.

［5］宋虎珍．合理运用现代教育技术，提高课堂教学效率［J］．教育探索，2010（10）：38 - 39.

［6］陈鹏勇．创新实践教学模式培养高素质创新人才［J］.

中国大学教学，2010（5）：83-85.

［7］沈小碚．教学组织形式研究的发展及其问题［J］．西南师范大学学报，2003（1）：76-82.

［8］钱立群．传统教学思想辨析［J］．教育理论与实践，1986（5）：13-16.

［9］徐莉，王俊华．对现行教学组织形式——班级授课制的再审视［J］．河北师范大学学报，2001（4）：137-140.

［10］蒋维西．挑战与应战：微课时代传统班级授课制再审视［J］．安庆师范学院学报，2016（5）：147-150.

［11］周芸韬．"互联网＋"与高等教育的融合［J］．当代教育实践与教学研究，2016（4）：172-173.

［12］杜华，顾小清．教育技术学理论五问：兼论教育技术学之于教育学理论建构的贡献［J］．教育研究，2020（1）：148-159.

［13］沈满．刍议高校科研信息化管理建设［J］．科教导刊，2018（11）：15-16.

［14］刘海燕．美国大学"教"与"学"改革运动及启示［J］．复旦教育论坛，2016（1）：100-106.

［15］李小志．教育技术与教学组织形式、教学方法的关系［J］．现代教育技术，2000（4）：10-20.

［16］钟柏昌．教育技术定义：争论与解读［J］．开放教育研究，2012（3）：34-43.

［17］刘美凤．关于教育技术及其学科的研究方法的几点认识［J］．电化教育研究：2008（12）：95.

［18］何克抗．教学设计理论与方法研究评论（一）［J］．开放教育研究，1998（2）：20-25，28.

［19］何克抗．从 Blending learning 看教育技术理论的新发展（上）［J］．电化教育研究，2004（3）：1 - 6.

［20］殷旭彪，李磊，陈琳．关于教育技术之技术理性的思考［J］．现代教育技术，2010（12）：9 - 12.

［21］刘美凤．教育技术的定位美国学者的观点［J］．中国电化教育，2003（3）：8 - 12.

［22］李康．教育技术与教育技术学的研究对象［J］．电化教育研究，2004（1）：1 - 4.

［23］刘云芳．谈班级授课制的发展与改进［J］．山西教育学院学报，2002（1）：97 - 98.

［24］赵婷婷．班级授课制的历史演进及当代发展［J］．浙江教育科学，2015（6）：14 - 17.

［25］胡成霞，李丹．班级授课制在我国沿用不衰的原因探析［J］．教学与管理，2006（36）：53 - 54.

［26］冯建军，刘霞．"适合的教育"：内涵、困境与路径选择［J］．南京社会科学，2017（11）：141 - 149.

［27］姜智，华国栋．差异教学实质刍议［J］．中国教育学刊，2004（4）：52 - 55.

［28］郭绍青．"互联网 + 教育"对教育理论发展的诉求［J］．华东师范大学学报（教育科学版），2019（4）：25 - 37.

［29］王欢．无班级授课制：芬兰的经验与借鉴［J］．现代中小学教育，2006：66 - 67.

［30］常江．试论现代教学条件下的班级规模［J］．贵州师范大学学报（社会科学版），2002（3）：106 - 108.

［31］林钧．简论夸美纽斯教育管理思想及其对西方教育的影响［J］．太原师范学院学报，2003（2）：92 - 94.

［32］M. V. 克拉林，孙祖复．某些国家的个别化教学［J］．外国教育资料，1992（6）：35 – 39.

［33］林进材．面对未来班级的想象与塑造［J］．教育科学研究，2017（5）：32 – 36.

［34］郑航．班级功能与未来的班级样态［J］．教育科学研究，2017（2）：22 – 25.

［35］郭毅博，姜晓恒．面向学生个性化定制的虚拟课程教学方法探索［J］．科技经济导刊，2019（10）：151 – 153.

［36］王佑镁，宛平．科技向善：国际"人工智能 + 教育"发展新路向［J］．开放教育研究，2019（5）：23 – 32.

［37］戴维·梅瑞尔，任友群．教育技术的创新应用：反思与展望［J］．开放教育研究，2016（1）：4 – 17.

［38］陈丽．"互联网 + 教育"的创新本质与变革趋势［J］．远程教育杂志，2016（4）：3 – 8.

［39］李康．试论教育技术及其研究对象：兼评美国 AECT' 94 教育技术定义［J］．中国电化教育，2001（1）：9 – 13.

［40］桑新民，李曙华．教育技术学范畴体系建模研究及其方法论：与美国"94 定义"研究群体的对话［J］．中国电化教育，2007（11）：1 – 8.

［41］李娜，乔贵春．AECT2005 定义演进的分析与思考［J］．现代远程教育研究，2006（3）：22 – 24，71.

［42］上海师范大学教育技术系．"教育技术领域新界定"的再解读：对 AECT05 教育技术定义的理解和思考［J］．电化教育研究，2005（1）：39 – 44.

［43］黎加厚．2005AECT 教育技术定义：讨论与批判［J］．现代远程教育研究，2005（1）：11 – 16，71.

［44］李海峰，王炜，吴曦．AECT2017 定义与评析：兼论
AECT 教育技术定义的历史演进［J］．电化教育研究，2018，39
（1）：21－26.

［45］王胜远，王运武．AECT2017 教育技术定义的评析与思考
［J］．广东开放大学学报，2019，28（3）：78－85.

［46］张素红．慕课时代大学新型"教"与"学"教学实践模
式研究［J］．中国成人教育，2016（8）：117－119.

［47］任友群，顾小清．教育技术学：学科发展之问与答
［J］．教育研究，2019，40（1）：141－152.

［48］徐献军，丛杭青．论知识传递［J］．科学学研究，2005
（3）：298－303.

［49］张敏．班级教学理论的嬗变［J］．杭州师范学院学报，
1997（4）：88－93.

［50］胡成霞，李丹．班级授课制在我国沿用不衰的原因探析
［J］．教学与管理，2006（36）：53－54.

［51］洪明，余文森．国外有效教学思想流派探析：基于国外
著名教育家教学思想的探讨［J］．福建师范大学学报，2012（6）：
186－192.

［52］林安梧．我的学思历程：中国哲学研究方法的一些反省
与思考［J］．学术界，2014（7）：189－207.

［53］沈致隆．多元智能理论的产生、发展和前景初探［J］．
江苏教育研究，2009（9）：17－26.

［54］曾天山．教学组织形式比较研究［J］．西北师大学报
（社会科学版），1992（1）：78－83.

［55］李永生．班级性质动态观［J］．教育评论，1999（3）：44.

［56］片冈德雄．班级社会学探讨［J］．吴康宁，译．华东师

范大学学报（教科版），1985（3）：37 – 42.

［57］叶子，庞丽娟．师生互动的本质与特征［J］．教育研究，2001（4）：30 – 34.

［58］宗树兴．论师生互动的基本内涵［J］．当代教育科学，2013（23）：63 – 64.

［59］范元涛，朱敬．人性与技术的共生：基础、困境与实现［J］．电化教育研究，2020，41（8）：43 – 48，57.

［60］姜振寰．关于近代技术史分期的理论探讨［J］．自然辩证法通讯，1982（3）：50 – 56.

［61］何克抗．现代教育技术与创新人才培养（下）［J］．电化教育研究，2000（7）：17 – 21.

［62］陆宏，冯学斌．信息化社会中教师的定位与培训［J］．电化教育研究，2000（2）：15 – 18.

［63］杨宗凯，吴砥．新兴技术助力教育生态重构［J］．中国电化教育，2019（2）：1 – 5.

［64］顾小清，易玉何．从教育生态视角审思技术使能的教育创新［J］．中国电化教育，2019（11）：17 – 23.

［65］段宝霞．基础教育信息化成本效益探讨［J］．教育与经济，2009（2）：49 – 52.

［66］肖飞生，戴红斌，张国民，陈发起．教育装备成本效益研究［J］．中国教育技术装备，2008（14）：3 – 4.

［67］杜育红．作为教育规划技术的成本效益分析［J］．清华大学教育研究，1997（3）：40 – 46.

［68］李力．论远程教师的三维能力结构与职能转换［J］．电化教育研究，2000（8）：20 – 24.

［69］荀渊．高等教育全球化的愿景：从无边界教育到无边界

学习 [J]. 电化教育研究, 2019 (5): 32 - 39.

[70] 吴明芳. 高等教育成本核算探析 [J]. 会计之友 (上旬刊), 2008 (5): 52 - 53.

[71] 钱洪祥. 目标成本管理在企业经济管理中的作用分析 [J]. 商场现代化, 2020 (1): 101 - 102.

[72] 吕春莹, 李扬. 高校教育成本探析 [J]. 科技咨询导报, 2007 (29): 235.

[73] 向志强. 试论学校教育的交易性 [J]. 江西财经大学学报, 2003 (1): 109 - 111.

[74] 曹淑江. 高校后勤服务社会化改革的经济学分析 [J]. 江苏高教, 2002 (1): 83 - 87.

[75] 郑晓溪, 郝姝媛, 史健楠, 等. 浅谈数字时代下异化的人的心理机制 [J]. 佳木斯教育学院学报, 2011 (8): 3 - 4.

[76] 王茹春, 赵华, 王海英. 基于网络环境的在线教学组织形式优化实践探索 [J]. 黑龙江生态工程职业学院学报, 2020 (5): 133 - 135, 157.

[77] 韩筠. 以信息技术构建高等教育新型教学支持体系: 基于抗疫期间在线教学实践的分析 [J]. 高等教育研究, 2020 (5): 80 - 86.

[78] 李政涛. 基础教育的后疫情时代, 是"双线混融教学"的新时代 [J]. 中国教育学刊, 2020 (5): 5.

[79] 康飞. 基于师生教学与学习行为大数据分析的线上教学典型特征分析与思考 [J]. 江苏科技信息, 2020 (35): 78 - 80.

[80] 张学敏, 周杰. 技术变革下"个人全面发展"的教育选择 [J]. 清华大学教育研究, 2020 (6): 7 - 17.

[81] 顾小清. 当现实逼近想象: 人工智能时代预见未来教育

研究［J］. 开放教育研究, 2021 (1)：4 – 12.

［82］丁瑞常, 顾明等. 面向未来的教育如何定位教师角色与价值：顾明远与彼得·圣吉凝聚东西方智慧的再次跨界对话［J］. 比较教育研究, 2017 (2)：3 – 8.

［83］谭平. 人工智能时代课堂教学的机遇、挑战与对策［J］. 云南开放大学学报, 2020 (4)：12 – 17.

［84］张锴. 5G 时代职业学校课堂、慕课、微课一体化教学模式研究［J］. 吉林省教育学院学报, 2021 (2)：120 – 123.

［85］裴晋红, 武翠玲, 栗学清等. 以综合素质为导向的"完全线上"教学模式的实践与思考［J］. 生命的化学, 2020 (9)：1658 – 1660.

［86］李建荣. 线上线下混合式教学探索与实践［J］. 教育教学论坛, 2019 (37)：164 – 165.

［87］谭伟, 顾小清. 面向开放教育的混合式教学模式及效果评估指标研究［J］. 中国电化教育, 2019 (2)：126 – 130.

［88］张人利. 班级授课制下的个别化教学［J］. 教育发展研究, 2013 (12)：47 – 51.

［89］司成勇. 走向个别化教学——论教学组织形式的发展历史与逻辑的统一［J］. 教育探索, 2011 (2)：71 – 74.

［90］郭绍青, 张进良等. 网络学习空间变革学校教育的路径与政策保障——网络学习空间内涵与学校教育发展研究之七［J］. 电化教育研究, 2017 (8)：55 – 62.

［91］赵茜, 马力等. 以教学组织形式的变革实现因材施教：校内公平的可能路径［J］. 中小学管理, 2020 (12)：28 – 31.

［92］刘邦奇, 张金霞等. 智能技术赋能因材施教：技术框架、行业特点及趋势——基于智能教育行业发展实证数据的分析

［J］. 电化教育研究，2021（2）：70－77.

［93］张筱兰，郭绍青等. 知识存储与共享学习空间（学习空间V1.0）与学校教育变革——网络学习空间内涵与学校教育发展研究之三［J］. 电化教育研究，2017（6）：53－58＋70.

［94］王晓晨，孙艺璇，等. 开放教育资源：共识、质疑及回应［J］. 中国电化教育，2017（11）：52－59.

［95］陈玲，刘静，余胜泉. 个性化在线教育公共服务推进过程中的关键问题思考——对北京市中学教师开放型在线辅导计划的实践反思［J］. 中国电化教育，2019（11）：80－90.

［96］谷开慧，李含，梁明. 大数据背景下的智慧教学模式研究［J］. 黑龙江科学，2020，11（15）：76－77.

［97］张建桥. 课堂真的能翻转吗？——兼谈课堂改革的技术界限［J］. 比较教育研究，2017（10）：26－32.

［98］孙宏扬. 翻转课堂在实际教学中的弊端及对策研究［J］. 兰州教育学院学报，2017（10）：100－101.

［99］沈小碚，罗章. 论智慧教育视域下教学方式的变革趋势［J］. 教师教育学报，2021（2）：57－65.

［100］王正青，唐晓玲. 信息技术与教学深度融合的动力逻辑与推进路径研究［J］. 电化教育研究，2017（1）：94－100.

［101］管恩京. 信息技术与课程教学深度融合路径研究［J］. 现代教育技术，2015（10）：61－66.

［102］胡小勇，郑晓丹等. 信息技术与教学深度融合的优课课例研究［J］. 中国电化教育，2015（4）：36－40.

［103］蔡旻君，芦萍萍，黄慧娟. 信息技术与教学缘何难以深度融合——兼论信息技术应用于课堂教学时需正确处理的几组重要关系［J］. 电化教育研究，2014（10）：23－28，47.

[104] Zouda, M. Issues of power and control in STEM education: a reading through the postmodern condition [J]. cultural studies of science education, 2018, 13 (4): 1109 –1128.

[105] GiancarloCorsi. "Education has no end": Reconciling past and future through reforms in the education system [J]. Educational Philosophy and Theory, 2020, 52 (6): 688 –697.

[106] EricMangez, Pieter Vanden Broeck. The history of the future and the shifting forms of education [J]. Educational Philosophy and Theory, 2020, 52 (6): 676 –687.

[107] Rivlin, L. G. Educational issues, school settings, and environmental psychology [J]. Journal of Environmental Psychology, 1984, 4 (4): 347 –364.

[108] Clark, R. E. Reconsidering Research on Learning from Media [J]. Review of Educational Research, 1983, 53 (4): 445 –449.

[109] Piaget, Jean. Amos Comenius 1592 – 1670 [J]. Paris: Unesco, 1957: 183 –208.

[110] Jaap Scheerens. The theoretical basis of the effective school improvement model [J]. School Effectiveness and School Improvement, 2005 (16): 373 –385.

[111] Rivlin, L. G. , Weinstein. C. S. Educational issues, school settings, and environmental psychology [J]. Journal of Environmental Psychology, 1984 (4): 347 –364.

[112] William Gaudelli, Denise Ousley. Identity work of student teachers in culminating field experiences [J]. Teaching and Teacher Education, 2009 (25): 931 –939.

[113] S. Renaud, E. Tannenbaum, P. Stantial. Student –

centered teaching in large classes with limited resources ［J］. English Teaching Forum, 2007, 45 （03）: 12 – 17.

［114］ Tisher, Richard P. , Klinzing, Hans G. Procedures to Develop Classroom Teaching Skills: modelling, cases, simulations and micro-teaching ［J］. South Pacific Journal of Teacher Education, 2006 （20）: 36 – 48.

［115］ Botha L, Fourie N, Geyser H. Teaching, Learning and Assessment in Large Classes—a Reality of Educational Change? ［J］. Education as change, 2005, 9 （01）: 60 – 79.

［116］ Magdalena Claro, Alvaro Salinas. Teaching in a Digital Environment: Defining and measuring teachers' capacity to develop students' digital information and communication skills ［J］. Computers and Education, 2018 （121）: 162 – 174.

［117］ Hoeg, Darren G. , Bencze, John Lawrence. Values Underpinning STEM Education in the USA: An Analysis of the Next Generation Science Standards ［J］. science education, 2017, 101 （02）: 278 – 301.

［118］ Pedretti E. Nazir, J. Science, technology and society ［J］. Encyclopedia of science education, 2015: 932.

［119］ DeBoer, George E. The Globalization of Science Education ［J］. Journal of research in science teaching, 2011: 48.

［120］ Eicher, J. C. , Orivel, F. Cost Analysi: of Primary Education by Television in the Ivory Coast ［J］. Economics of New educational Media. Paris: Unesco, 1980 （02）: 105 – 146.

［121］ L. Tondl. On the Concept of "Technology" and "Technological Sciences" ［J］. Contributions to a Philosophy of

Technology, Dordrecht and Boston, 1974: 1 – 18.

[122] Frame D J. et al. An Information Approach to Examinity Developments in Enegy Technology: Coal Gasification [J]. Journal of ASIS, 1979, 30 (07): 193 – 201.

[123] Graham M, Hjorth I, Lehdonvirta V. Digital labour and development: impacts of global digital labour platforms and the gig economy on worker livelihoods [J]. SAGE Choice, 2017 (02): 135 – 162.

[124] Bloom B S. Learning for Mastery [J]. Evaluation quarterly, 1968 (02): 1 – 12.

[125] Dehghani S, Zeinalipour H, Rezaei E, et al. The Competencies Expected of Instructors in Massive Open Online Courses (MOOCs) [J]. Interdisciplinary Journal of Virtual Learning in Medical Sciences, 2020 (2): 70.

(三) 学位论文类

[1] 张琳. 师范生信息化教学能力培养研究 [D]. 上海: 华东师范大学, 2019.

[2] 吴秀圆. 信息化促进教学点质量提升与师生发展研究 [D]. 武汉: 华中师范大学, 2018.

[3] 贺斌. 智慧教育视域中差异化教学模式研究 [D]. 上海: 华东师范大学, 2018.

[4] 姜玉莲. 技术丰富课堂环境下高阶思维发展模型建构研究 [D]. 长春: 东北师范大学, 2017.

[5] 阮士桂. 促进信息技术教师课堂数据应用的策略研究 [D]. 长春: 东北师范大学, 2017.

[6] 蒋立兵. 信息技术在中小学课堂教学中应用的有效性研

究 [D]. 武汉：华中师范大学，2016.

[7] 陈卫东. 教育技术学视野下的未来课堂研究 [D]. 上海：华东师范大学，2012.

[8] 齐媛. 信息技术环境下中小学教师教学设计能力研究 [D]. 长春：东北师范大学，2009.

[9] 黄立新. 技术支持的协同教育研究 [D]. 西安：西北师范大学，2009.

[10] 左明章. 论教育技术的发展价值 [D]. 武汉：华中师范大学，2008.

[11] 江卫华. 协同学习理念指导下的课堂互动设计、分析与评价 [D]. 上海：华东师范大学，2007.

[12] 孙卫国. 数字化聚合环境中的课堂教学研究 [D]. 上海：华东师范大学，2007.

[13] 刘成新. 整合与重构：技术与课程教学的互动解析 [D]. 南京：南京师范大学，2006.

[14] 孟琦. 课堂信息化教学有效性研究 [D]. 上海：华东师范大学，2006.

[15] 郭莉. 中小学教育信息化成本效益探讨 [D]. 南京：南京师范大学，2005.

[16] 张俐蓉. 信息技术与学校教育关系的反思与重构 [D]. 上海：华东师范大学，2004.

[17] 宋秋英. 全球化背景下中国教学论本土化问题研究 [D]. 北京：首都师范大学，2011.

[18] 易凌云. 互联网教育与教育变革 [D]. 武汉：华中师范大学，2007.

[19] 徐文. 教育产权论 [D]. 武汉：华中师范大学，2004.

［20］鞠光宇．营利性高等教育组织办学模式研究［D］．北京：中国人民大学，2008.

［21］姬庆红．古罗马教师研究［D］．上海：上海师范大学，2009.

［22］王洪明．从"管理"到"辅导"：班级变革研究［D］．上海：华东师范大学，2011.

［23］李伟．互联网环境下教学模式多样化研究［D］．呼和浩特：内蒙古师范大学，2018：2.

（四）其他

［1］桑新民．信息时代学校课堂向何处去？——网络课程与现实课堂的双向创新探索［A］．第十八届海峡两岸暨港澳地区教育学术研讨会论文集，2016：17－22.

［2］何克抗．智慧教育·融合创新［EB/OL］．http：//www.sohu.com/a/214213764_540486，20.2018－01－02.

［3］教育部．国家中长期教育改革和发展规划纲要（2010－2020年）．［EB/OL］．http：//old.moe.gov.cn/publicfiles/business/htmlfiles/moe/info_list/201407/xxgk_171904.html？authkey＝gwbux.2019－01－22.

［4］教育部．教育信息化2.0行动计划的通知［EB/OL］．2019－02－20.http：//www.moe.gov.cn/srcsite/A16/s3342/201804/t20180425_334188.html.

［5］中共中央，国务院．中国教育现代化2035［EB/OL］．http：//www.moe.gov.cn/jyb_xwfb/s6052/moe_838/201902/t20190223_370857.2019－07－08.

［6］iiMedia Research.2020年春季中国学校在线复课效果评估专项调研报告［EB/OL］．https：//www.iimedia.cn/c460/69653.

html. 2020 – 03 – 08.

[7] AI + 教育的底线在哪里？［EB/OL］. https：//www. sohu. com/a/351706688_468636. 2020 – 02 – 3.

[8] 中共中央，国务院. 关于构建更加完善的要素市场化配置体制机制的意见［EB/OL］. 2020 – 05 – 08. http：//www. gov. cn/zhengce/2020 – 04/09/content_5500622. htm.

[9] 国家发展改革委，中央网信办等. 关于支持新业态新模式健康发展激活消费市场带动扩大就业的意见［EB/OL］. 2020 – 07 – 20. https：//www. ndrc. gov. cn/xxgk/zcfb/tz/202007/t20200715_1233793. html.

[10] 教育部，国家发展改革委等. 关于大力加强中小学线上教育教学资源建设与应用的意见［EB/OL］. 2020 – 12 – 20. http：//www. moe. gov. cn/srcsite/A06/s3325/202102/t20210207_512888. html.

[11] 新华社. 不能让校外培训再造一个"教育体系"［EB/OL］. 2021 – 03 – 24. https：//xhpfmapi. zhongguowangshi. com/vh512/share/9852923.

[12] 斯坦福百科全书. 马克斯·韦伯［EB/OL］. 2020 – 11 – 20. https：//plato. stanford. edu/entries/weber/.

[13] Davies Ivor. Instructional Development：Themata, Archetypes, Paradigms and Models［A］. R. K. Bass., C. R. Dills. Instructional development：The state of the art［C］. Dubuque：Kendall, 1984（02）：8 – 17.